文化科技融合产业
知识产权保护指南

北京市知识产权维权援助中心◎编著

知识产权出版社
全国百佳图书出版单位
—北京—

图书在版编目（CIP）数据

文化科技融合产业知识产权保护指南/北京市知识产权维权援助中心编著. —北京：知识产权出版社，2020. 1

ISBN 978 -7 -5130 -6638 -9

Ⅰ. ①文… Ⅱ. ①北… Ⅲ. ①文化产业—知识产权保护—中国—指南 Ⅳ. ①D923. 4 -62

中国版本图书馆 CIP 数据核字（2019）第 255928 号

内容提要

本书从文化科技融合产业知识产权的创造、运用、保护和管理等基础知识讲起，同时汇总了该产业知识产权不同领域的典型问题，并结合最新的相关典型案例给文化科技融合产业企业保护自身的知识产权以指引和启示。

读者对象：文化科技融合产业企业的管理人员和知识产权专员及相关知识产权服务者。

责任编辑： 卢海鹰　可　为　　**责任校对：** 谷　洋
封面设计： 张　冀　　**责任印制：** 刘译文

文化科技融合产业知识产权保护指南

北京市知识产权维权援助中心　编著

出版发行：	知识产权出版社有限责任公司	网　　址：	http：//www. ipph. cn
社　　址：	北京市海淀区气象路 50 号院	邮　　编：	100081
责编电话：	010 -82000860 转 8335	责编邮箱：	keweicoca@ 163. com
发行电话：	010 -82000860 转 8101/8102	发行传真：	010 -82000893/82005070/82000270
印　　刷：	三河市国英印务有限公司	经　　销：	各大网上书店、新华书店及相关专业书店
开　　本：	880mm ×1230mm　1/32	印　　张：	7. 625
版　　次：	2020 年 1 月第 1 版	印　　次：	2020 年 1 月第 1 次印刷
字　　数：	200 千字	定　　价：	40. 00 元

ISBN 978-7-5130-6638-9

编委会

前　言

文化与科技融合互动是近代人类文明演进的主旋律，历史上三次科技革命的发展皆伴随着文化产业形态与业态的创新。近年来，随着人类文化消费需求日新月异的变化，越来越多的高新技术产业正在通过技术扩散、价值链提升、利益协同三种机理作用于文化创意产业，文化与科技相辅相成、相互作用，产生了“1 +1 >2”的双赢效应。

北京作为全国的文化中心和科技创新中心，文化科技融合产业聚集且已经形成了一定规模和水平，相关知识产权申请量不断上升，也出现了一些具有一定社会影响力的知识产权典型案件，企业知识产权保护需求旺盛。如何运用好知识产权制度应对纠纷，保护文化与科技智力成果，提高企业创新能力，成为文化科技融合产业发展的当务之急。

为此，北京市知识产权维权援助中心组织编写《文化科技融合产业知识产权保护指南》一书。全书将文化科技融合产业与知识产权保护等法律问题相结合，按照知识产权创造、运用、保护和管理四个环节，通过介绍与文化科技融合产业相关的知识产权基础知识、分析文化科技融合产业企业在发展中常见的知识产权典型问题和典型案例，力求全面、简练地阐明与文化科技融合产业相关的知识产权知识，并为推动文化科技融合产业知识产权保护工作提供参考和指导。

在本书的编写过程中，陈慧君、陈越、何璐、纪媛媛、蒋强、李晨、李抒艺、刘虹蕴、刘蔚雯、吕晓、唐铁星、闫永廉、易珍春、袁辉、张璇、张炎、张燕燕、朱禾做了大量的文字撰写和整理工作。在此，特别表示衷心感谢！

编者

2019 年 8 月

目录

第一章　文化科技融合产业知识产权基础知识

第一节　文化科技融合产业与知识产权

一、文化科技融合产业的概念及范围

在科技阶梯式创新发展的不同阶段，在不同的政治、经济与文化的语境中，“文化科技融合”被赋予不同的涵义。同时，文化与科技这两个概念，随着社会变迁，其内涵与外延也在不断丰富。具体来说，“文化科技融合”，是指将各类文化元素、内容、形式和服务与科技的原理、功能、方法和手段的有机结合，提升有关文化产品的价值与品质，形成新的内容、形式、功能与服务。其中，新的内容与形式生产新产品，新的功能与服务形成新的市场与产业。鉴于科技是阶梯式发展的，经历从手工艺到机械技术、电讯技术和信息技术的过程。手工技艺与文化融合，只能是非产业意义上的融合；而作为大规模复制技术的机械技术、电讯技术、信息技术与文化融合，才可能是产业意义上的融合。

“文化科技融合”既是目的又是手段，融合不只是文化产业链的延伸，也是文化产业向其他领域的拓展，创造新的机会，带动文化要素与科技要素的合理有序组合，实现文化指导科技、科技保障

文化的相互促进、良性循环发展。其结果是推动了文化产业跨界融合，实现了文化产业发展规模经济效应与范围经济效应，并实现了文化创新。文化与科技融合，是科技促进文化产生新样式、新产品、新服务以及科技活动、成果不断丰富其人文内涵的互动过程。几乎所有产业的技术升级和产品迭代都与文化艺术密切相关，其指向的是工具理性与价值理性的统一。刘易斯·芒福德（Lewis Mumford）在《技术与文明》中，依据技术与艺术融合的过程，曾将机器技术体系的进化，创造性地划分为三个阶段："赤裸裸反映功能"的始生代、"对伪艺术致敬"的古生代、"更积极审美享受"的新生代。"最后，创造出来的完美形式不仅能够满足实际需求，更重要的是……这些形式给人们的内心带来宁静和平和，带来内心冲动和外界环境的平衡，这正是艺术的一种标志。"

因而，从某种意义上说文化与科技深度融合，使得科技产品注入文化内涵、文化资源获得创新表达，从而促进着消费、生产乃至社会方方面面的深刻变化。

（1）文化科技深度融合促进消费升级。文化艺术创意为高新技术产品和服务注入新价值，科技创新为文化艺术内容和服务带来新发展，文化与科技在融合中协同共进，为消费者带来源源不断的高品质产品和服务。

（2）文化科技深度融合促进城市再生。智能化基础设施、自动化交通运输、创意化街区空间、生态化消费文化等将使得城市再度获得勃勃生机，在更高效与更灵动、更富创造力与更具人情味之间获得动态平衡，实现着高质量发展和高品质生活。

（3）文化科技深度融合促进时代变迁。文化与科技相互激励，共同孕育出新样式、新模式、新业态，促使着人类的精神需求得到无尽开发和持续满足，推动着人本身的进化和社会的整体进步。

文化科技深度融合，使得科技产品和服务在满足人们极致化、个性化需求的基础上，激发出人们更深层次的审美化需求；使得文艺类产品和服务在满足人们体验化、交互性的基础上，激发出人们更富创意的场景化需求。可以说，文化科技深度融合，正在为满足人们对美好生活期盼的过程中，开辟出超越物质需求之上的无尽发展空间。

二、文化科技融合产业与知识产权制度

知识产权是保护技术创新和文化创作活动的基本法律制度。知识产权在本质上解决的是创新主体的智慧成果作为无形资产的归属与支配的问题。知识产权制度是激励文化创作、科技创新活动并调节利益分配的机制。近百年来，各国的发展经验证明：凡是科学技术、文化艺术水平发达的国家，其知识产权制度也完备；与之相对应，凡是知识产权制度完备的国家，其科学技术、文化艺术水平也发达或即将发达。科技与文化融合成果的产生、发展、保护皆离不开知识产权。

知识产权以拥有市场价值的智慧劳动成果作为保护对象。科技与文化融合的过程，就是融合主体进行融合创造的智慧劳动的过程，需要投入一定的人力、物力和财力，以期通过产品创新和差异化服务谋求更大的经济利益。知识产权制度能够在一定时间、空间内，为融合成果提供最经济和有效的激励机制。知识产权制度通过对财产权界定和保护，赋予融合主体在一定的时间、空间内对其融合产品享有获利权和处置权。这种权利制度可以说是“合法垄断，智者多得”的利益分配和保障制度。其他任何人要使用融合主体的融合成果，必须征得其同意或者获得其许可，并支付相应的费用。这种制度不仅为融合主体收回融合成本提供了可能和通路，而且能够通过合法收入激励融合主体持续不断地投入到文化科技融合产业中去。

知识产权制度的核心价值不仅规定了融合主体对自己的产出成

果在一定的期限和区域内享有排他的专有权，还规定了针对他人未经许可侵犯这种专有权行为的法律制裁措施，包括民事责任、行政责任和刑事责任。通过这些强制性规定，不仅可以有效预防和制止未经融合主体许可而违法使用其融合成果的行为，进而维护融合主体的合法权益，还能协调不同融合主体之间的公平竞争。另外，知识产权制度在保护融合主体个体利益的同时，通过合理使用、法定许可、强制许可等制度，对融合主体滥用该权利的行为进行限制，促成并维护融合主体个体利益与社会公共利益之间的平衡，最终保障科技与文化融合产业化的实现。

三、文化科技融合产业知识产权的主要类型

文化科技融合产业涉及的知识产权类型主要有专利权、商标权、著作权和商业秘密。

（一）专利权

所谓专利权，是指依照《专利法》的规定，权利人对其获得专利的发明创造（发明、实用新型或外观设计），在法定期限内所享有的专有权。专利分为发明、实用新型和外观设计三种。

根据《专利法》的规定，发明和实用新型都是技术上的解决方案，或者涉及产品，或者涉及制造方法；只有外观设计是对工业产品具有装饰性的或者艺术性的外表的保护。文化科技融合产业与外观设计专利有着非常密切的联系。

《专利法》第二条第四款规定：外观设计，是指对产品的形状、图案或者其结合以及色彩与形状、图案的结合所作出的富有美感并适于工业应用的新设计。外观设计的载体是产品。工艺美术品、服装、珠宝、包装、动漫人物造型等都可以运用外观设计进行保护。以专利保护的设计所获得的是绝对排他权，可以排除他人为生产经

营目的制造、许诺销售、销售、进口其外观设计专利产品，最大程度地保护设计者、生产者的权益。对于外观设计专利，《专利法》第二十三条规定的授予条件较为简单：授予专利权的外观设计，应当不属于现有设计；也没有任何单位或者个人就同样的外观设计在申请日以前向国务院专利行政部门提出过申请，并记载在申请日以后公告的专利文件中。授予专利权的外观设计与现有设计或者现有设计特征的组合相比，应当具有明显区别。授予专利权的外观设计不得与他人在申请日以前已经取得的合法权利相冲突。

正是由于外观设计专利的特点及法律对于取得外观设计专利相对较为简单的规定，外观设计与其他知识产权之间不免存在交叉。《专利法》第二十五条第（六）项规定：对平面印刷品的图案、色彩或者二者的结合作出的主要起标识作用的设计不授予专利权。这样规定主要是为了避免外观设计专利权与商标权、著作权之间的冲突。此外，产品不能分割或不能单独出售且不能单独使用的局部设计也不属于外观设计保护的客体。如杯把、帽檐等。某些取决于特定地理条件、不能重复再现的固定建筑物、桥梁因不能适用于工业应用，也不能成为外观设计专利的保护客体。

（二）商标权

商标权是注册商标专用权的简称，是商标注册人独占性地对该商标享有的权利，包括使用权、禁止权、许可权和转让权等权利。根据我国《商标法》的有关规定，任何能够将自然人、法人或者其他组织的商品与他人的商品区别开的标志，包括文字、图形、字母、数字、三维标志、颜色组合和声音等，以及上述要素的组合，均可以作为商标申请注册。

商标对于促进文化科技融合产业发展有以下作用：一是表明产品及服务的来源。二是促使生产经营者提高商品或服务的质量，维护信誉。三是帮助生产经营者创立自己的品牌，进行对外宣传。四是增强企业的市场竞争力。因此，商品或者服务的提供者要及时进行商标注册，并通过不断的创新，打造自己的服务品牌，提高市场竞争力。

（三）著作权

我国《著作权法》规定，文学、艺术和科学领域中产生的具有独创性，并能以某种有形形式复制的智力成果，受《著作权法》保护。《著作权法》第三条规定了作品的范围，其中，与文化科技融合产业相关的受保护的客体包括美术、建筑作品、工程设计图、产品设计图等图形作品、摄影作品、电影作品和以类似摄制电影的方法创作的作品及计算机软件作品等。

作为著作权客体的作品一般具有以下两个特征：

一是独创性。所谓独创性是指作品的创作过程是由作者独立构思完成的，作品的内容与表现形式与他人已经发表的作品完全不同或者基本不同，否则就是抄袭、剽窃或者篡改他人的作品了。需要注意的是，作品的独创性仅指作品表现形式的独创性，而非作品所蕴含的思想的独创性。根据我国相关司法解释，不同的作者就同一题材创作的作品，如果作品的表达是独立完成的并且具备独创性，应该认定各作者均享有著作权。

二是可复制性。所谓作品的可复制性是指作品可以某种法律承认的方式复制或者表现出来，否则就不能受到《著作权法》的保护。复制的形式包括印刷、绘画、摄影、录制、书写、雕塑、雕刻、建筑制图等。

（四）商业秘密

商业秘密，是指不为公众所知悉、具有商业价值并经权利人采取相应保密措施的技术信息、经营信息等商业信息。

在企业拥有的信息和资源中，很大一部分信息都要通过商业秘密的形式进行保护。

在文化科技融合产业，技术信息一般可以包括研发战略、技术方案、工程设计、电路设计、制造方法、配方、工艺流程、算法、技术指标、计算机软件源程序、数据库、各类图纸、样品、样机、模型、模具等。经营信息包括客户名单、管理方法、产销策略、货源情报、广告策划等。商业秘密的载体也可以是多种多样的，如信函、传真、备忘录、纪要、协议、合同、报告、手册、文档、软件代码、图纸、电子邮件等，甚至可以存在于人的大脑记忆中。

第二节　文化科技融合产业知识产权的取得

一、专利权

（一）专利权的取得条件与权利归属

1. 取得条件

各类专利的授权条件如表 1－1 所示。

表 1－1　各类专利的授权条件

专利类型	授权条件	
发明和实用新型专利	新颖性	该发明或者实用新型不属于现有技术；也没有任何单位或者个人就同样的发明或者实用新型在申请日以前向国务院专利行政部门提出过申请，并记载在申请日以后公布的专利申请文件或者公告的专利文件中
	创造性	与现有技术相比，该发明具有突出的实质性特点和显著的进步，该实用新型具有实质性特点和进步
	实用性	该发明或者实用新型能够制造或者使用，并且能够产生积极效果

续表

专利类型	授权条件
外观设计专利	应当不属于现有设计；也没有任何单位或者个人就同样的外观设计在申请日以前向国务院专利行政部门提出过申请，并记载在申请日以后公告的专利文件中。需要与现有设计或者现有设计特征的组合相比具有明显区别；并且不得与他人在申请日以前已经取得的合法权利相冲突

发明专利与实用新型专利都要求具备新颖性、创造性和实用性，但是二者相比具有以下区别：

（1）实用新型专利的创造性低于发明专利；

（2）实用新型专利所包含的范围小于发明专利；

（3）实用新型专利的保护期短于发明专利；

（4）实用新型专利申请审批的手续比发明专利简单。

2. 权利归属（如表 1－2 所示）

表 1－2　不同情况下的权利归属

情况		权利归属
职务发明创造	执行本单位任务所完成的发明创造，包括下列三种情况：①在本职工作中完成的发明创造；②履行本单位交付的与本职工作有关的任务时所完成的发明创造；③退职、退休或者调动工作后 1 年内作出的、与其在原单位承担的本职工作或者单位分配的任务有关的发明创造	原则上，职务发明创造申请专利的权利属于该单位。 如果利用本单位的物质技术条件所完成的发明创造，单位与发明人或者设计人订有合同，对申请专利的权利和专利权的归属作出约定的，从其约定
	主要利用本单位的物质技术条件完成的发明创造，其中，物质技术条件包括资金、设备、零部件、原材料或者不向外公开的技术资料等	

续表

情况		权利归属
非职务发明创造	—	申请专利的权利和专利权属于该发明人或者设计人
合作发明创造	两个以上单位或者个人合作完成的发明创造	①首先依照协议的约定；②协议没有约定的，申请专利的权利和专利权属于共同完成的单位或者个人
	一个单位或者个人接受其他单位或者个人委托所完成的发明创造	①首先依照协议的约定；②协议没有约定的，申请专利的权利和专利权属于受委托方

（二）专利权的申请、审查与复审

1. 专利的申请和审查

发明专利需要经过初步审查和实质审查，实用新型专利申请和外观设计专利申请只需经过初步审查。

通过审查后，即获得专利权。发明专利权的期限为 20 年，实用新型专利权和外观设计专利权的期限为 10 年，均自申请日起计算。

专利申请程序的流程和审查内容如表 1－3 所示。

表 1－3　专利申请程序的流程和审查内容

阶段	流程	审查内容
申请	向国家知识产权局专利局提出	申请发明专利的，申请文件应当包括：发明专利请求书、说明书摘要、摘要附图（适用时）、说明书、权利要求书、说明书附图（适用时），各一式两份

续表

<table>
<tr><th colspan="2">阶段</th><th>流程</th><th>审查内容</th></tr>
<tr><td colspan="2">申请</td><td>向国家知识产权局专利局提出</td><td>申请实用新型专利的，申请文件应当包括：实用新型专利请求书、摘要、摘要附图（适用时）、说明书、权利要求书、说明书附图，各一式两份。
申请外观设计专利的，申请文件应当包括：外观设计专利请求书、图片或者照片（要求保护色彩的，应当提交彩色图片或者照片）以及对该外观设计的简要说明，各一式两份。提交图片的，两份均应为图片，提交照片的，两份均应为照片，不得将图片或照片混用</td></tr>
<tr><td>审查</td><td>受理</td><td>对于可以受理的专利申请文件，确定其专利申请日，给出专利申请号，并制作文档案卷；接受并处理申请后提交的专利文件，确定其提交日，转交至相关的审查处室；对于不能受理的专利申请文件作出不受理通知书</td><td>—</td></tr>
</table>

续表

阶段		流程	审查内容
审查	初步审查	按照规定缴纳申请费后自动进入初审阶段	发明： ①申请人的申请文件是否完备，撰写是否符合《专利法》及其实施细则的规定； ②申请人的身份是否合法，各种证明文件是否齐全；申请人是外国人的，是否依法委托代理； ③申请专利的发明创造是否属于违反国家法律、社会公德或者妨害公共利益及属于不授予专利权的对象； ④申请人是否缴纳了申请费等。 实用新型和外观设计： 除上述以外，还需要审查：①对专利申请文件的修改是否超越了法定限制；②申请是否符合单一性要求；③有无重复授权的可能；④是否为两个相同实用新型或外观设计专利申请的后申请人等
	公布	发明专利自申请日起满 18 个月，即行公布；也可以根据申请人的请求早日公布其申请	—
	请求实质审查	发明专利自申请日起 3 年内，国家知识产权局可以根据申请人随时提出的请求，对其申请进行实质审查；申请人无正当理由逾期不请求实质审查的，该申请即被视为撤回	—

续表

阶段		流程	审查内容
审查	实质审查	依申请人的请求，或在国家知识产权局认为必要的时候可以自行对发明专利申请进行实质审查	针对发明专利授权条件的“新颖性”“创造性”和“实用性”，同时还要对专利文件撰写是否符合要求进行审查，例如是否符合“单一性”，是否“公开充分”，是否“修改超范围”等
授权		实用新型和外观设计专利申请经初步审查以及发明专利申请经实质审查未发现驳回理由的，由审查员作出授权通知； 申请人应当在2个月之内按照通知的要求办理登记手续并缴纳规定的费用；未按规定办理登记手续的，视为放弃取得专利权的权利	—

2. 专利的复审

对国家知识产权局驳回申请的决定不服的，申请人可以向国家知识产权局专利局复审和无效审理部提出请求，启动复审程序。请求复审的驳回决定包括初步审查和实质审查程序中驳回专利申请的决定。

专利复审的流程和审查内容如表1－4所示。

表1－4　专利复审的流程和审查内容

阶段	流程	审查内容
提出复审请求	申请人对国家知识产权局驳回申请的决定不服的，可以自收到通知之日起3个月内，向专利局复审和无效审理部提出请求复审	请求人未针对国家知识产权局所作出的驳回决定提出复审请求的，复审请求将不予受理

续表

阶段	流程	审查内容
立案	经形式审查符合《专利法》及其实施细则和《专利审查指南 2010（修订版）》有关规定的，专利局复审和无效审理部向请求人发出受理通知书。 不符合《专利法》及其实施细则和《专利审查指南 2010（修订版）》有关规定需要补正的，专利局复审和无效审理部向请求人发出补正通知书	只有被驳回申请的申请人可以提出复审请求；被驳回申请的申请人属于共同申请人的，复审请求人须为全部申请人；复审请求应在收到国家知识产权局作出驳回决定之日起 3 个月内提出；提交复审请求书并提供必要证据
前置审查	将经形式审查合格的对国家知识产权局驳回申请决定不服的复审请求书（包括附具的证明文件和修改后的申请文件）连同原申请案卷一并送交作出驳回申请决定的原申请审查部门进行前置审查。该审查部门应当提出“前置审查意见书”	①复审请求证据充分，理由成立，同意撤销原驳回申请的决定。 ②复审请求人提交的申请文件修改文本克服了原申请文件中存在的缺陷，同意在修改文本的基础上撤销原驳回申请的决定。 ③复审请求人陈述的意见和提交的申请文件修改文本不足以使原驳回申请的决定被撤销，因而坚持原驳回申请的决定

续表

阶段	流程	审查内容
合议组审查	专利局复审和无效审理部合议审查的案件，应当由三人或五人组成的合议组负责审查，其中包括组长一人，主审员一人，参审员一人或三人。 合议组依照少数服从多数的原则对复审或者无效宣告案件的审查所涉及的证据是否采信、事实是否认定以及理由是否成立进行表决，作出审查决定。针对一项复审请求，合议组可以采取书面审理、口头审理或者书面审理与口头审理相结合的方式进行审查。 对于简单的案件，可以由一人独任审查。 复审或者无效宣告案件合议组成员有《专利法实施细则》第三十七条规定情形之一的，应当自行回避	一般应当针对驳回决定所依据的理由和证据进行审查。必要时，可以对作出该驳回决定之前应当审过的理由和证据进行审查
发出复审通知书	有下列情形之一的，合议组应当发出“复审通知书”，通知复审请求人： ①复审决定将维持原驳回决定； ②需要复审请求人依照《专利法》及其实施细则有关规定修改申请文件，才有可能撤销原驳回决定； ③需要复审请求人进一步提供证据或者对有关问题予以说明； ④需要引入驳回决定未提出的理由或者证据。 复审请求人应当在收到复审通知书之日起 1 个月内答复。期满未答复的，其复审请求视为撤回	—

续表

阶段	流程	审查内容
作出复审决定	①复审请求的理由不成立，驳回复审请求，维持原驳回决定； ②复审请求的理由成立，撤销原驳回决定； ③专利申请文件经复审请求人修改，克服了原驳回申请的决定所指出的缺陷，在新的文本基础上撤销原驳回决定	—

（三）专利权的无效

专利权经国务院专利行政部门授予并公告之日起，任何单位和个人依据《专利法》第四十五条及《专利法实施细则》第六十五条的有关规定的，自公告授予专利权之日起可以请求专利局复审和无效审理部宣告该公告的专利权无效。无效宣告请求的对象是已经公告授权的专利，包括已经终止、放弃（自申请日起放弃的除外）或者已被部分宣告无效的专利。

1. 专利权无效宣告的程序

专利权无效宣告包括提出无效宣告请求、形式审查、合议审查、作出无效宣告请求审查决定以及救济程序，具体如表1－5所示。

表1－5　专利权无效宣告流程和审查内容

阶段	流程	审查内容
提出无效宣告请求	自国家知识产权局公告授予专利权之日起，任何单位或者个人认为该专利权的授予不符合《专利法》有关规定的，可以请求专利局复审和无效审理部宣告该专利权无效	—

续表

阶段	流程	审查内容
形式审查	专利局复审和无效审理部收到无效宣告请求书后，应当进行形式审查。经形式审查符合《专利法》及其实施细则和《专利审查指南 2010（修订版）》有关规定的，专利局复审和无效审理部向请求人发出受理通知书。 经审查不符合《专利法》及其实施细则和《专利审查指南 2010（修订版）》有关规定需要补正的，专利局复审和无效审理部向请求人发出补正通知书	①无效宣告请求客体； ②无效宣告请求人资格； ③无效宣告请求范围以及理由和证据； ④无效宣告请求书及其附件的形式； ⑤无效宣告请求费的缴纳情况； ⑥委托手续
合议审查	—	专利局复审和无效审理部通常仅针对当事人提出的无效宣告请求的范围、理由和提交的证据进行审查，不承担全面审查专利有效性的义务
作出无效宣告审查决定	①宣告专利权全部无效； ②宣告专利权部分无效； ③维持专利权有效	—
救济程序	对专利局复审和无效审理部宣告专利权无效或者维持专利权的决定不服的，可以自收到通知之日起 3 个月内向人民法院起诉。人民法院应当通知无效宣告请求程序的对方当事人作为第三人参加诉讼	—

2. 专利权无效宣告的效力

专利权无效宣告的法律后果是，被宣告无效的专利权视为自始即不存在。

宣告专利权无效的决定，对在宣告专利权无效前人民法院作出并已执行的专利侵权的判决、调解书，已经履行或者强制执行的专利侵权纠纷处理决定，以及已经履行的专利实施许可合同和专利权转让合同，不具有追溯力。但是因专利权人的恶意给他人造成的损失，应当给予赔偿。依照前述规定不返还专利侵权赔偿金、专利使用费、专利权转让费，明显违反公平原则的，应当全部或者部分返还。

二、商标权

（一）商标权的取得条件和权利归属

1. 取得条件（如表 1－6 所示）

我国取得商标权的原则是以注册取得制度为主，特定条件下保护未注册商标为辅；以自愿注册制度为主，强制注册制度为辅。

2019 年 4 月 23 日，第十三届全国人民代表大会常务委员会第十次会议通过了对《中华人民共和国商标法》作出修改的决定。其第四条第一款修改为：“自然人、法人或者其他组织在生产经营活动中，对其商品或者服务需要取得商标专用权的，应当向商标局申请商标注册。不以使用为目的的恶意商标注册申请，应当予以驳回。”该条款规定商标专用权不是自然产生的。自然人、法人或者其他组织要对自己的商标取得商标专用权，以有效地保护自己的利益，就需要依照法定的方式获得国家承认。即在我国商标权取得方式是“注册取得”。但现实中，恶意抢注商标、囤积注册等行为时有发生，导致纠纷不断。为了规制以上行为，新修正的《商标法》中增加了注册申请人的使用义务。

《商标法》第九条规定，申请注册的商标，应当有显著特征，便于识别，并不得与他人在先取得的合法权利相冲突。其中显著特征，是指相关公众会将该商标标识识别为商标，从而能够发挥商标区分商品或服务来源的作用。本条款中的在先权利既包括在先的商标权，也包括他人在先取得的著作权、姓名权、肖像权、商号权、外观设计专利权等。

表 1－6　商标权取得条件

取得条件	相关法律规定
合法性	第十条　下列标志不得作为商标使用： 同中华人民共和国的国家名称、国旗、国徽、国歌、军旗、军徽、军歌、勋章等相同或者近似的，以及同中央国家机关的名称、标志、所在地特定地点的名称或者标志性建筑物的名称、图形相同的； 同外国的国家名称、国旗、国徽、军旗等相同或者近似的，但经该国政府同意的除外； 同政府间国际组织的名称、旗帜、徽记等相同或者近似的，但经该组织同意或者不易误导公众的除外； 与表明实施控制、予以保证的官方标志、检验印记相同或者近似的，但经授权的除外； 同“红十字”“红新月”的名称、标志相同或者近似的； 带有民族歧视性的； 带有欺骗性，容易使公众对商品的质量等特点或者产地产生误认的； 有害于社会主义道德风尚或者有其他不良影响的。 县级以上行政区划的地名或者公众知晓的外国地名，不得作为商标。但是，地名具有其他含义或者作为集体商标、证明商标组成部分的除外；已经注册的使用地名的商标继续有效。
显著性	第十一条　下列标志不得作为商标注册： 仅有本商品的通用名称、图形、型号的； 仅直接表示商品的质量、主要原料、功能、用途、重量、数量及其他特点的； 其他缺乏显著特征的。 前款所列标志经过使用取得显著特征，并便于识别的，可以作为商标注册。

续表

取得条件	相关法律规定
不得与他人在先权利冲突	第十三条　为相关公众所熟知的商标，持有人认为其权利受到侵害时，可以依照本法规定请求驰名商标保护。 就相同或者类似商品申请注册的商标是复制、摹仿或者翻译他人未在中国注册的驰名商标，容易导致混淆的，不予注册并禁止使用。 就不相同或者不相类似商品申请注册的商标是复制、摹仿或者翻译他人已经在中国注册的驰名商标，误导公众，致使该驰名商标注册人的利益可能受到损害的，不予注册并禁止使用。 第十五条　未经授权，代理人或者代表人以自己的名义将被代理人或者被代表人的商标进行注册，被代理人或者被代表人提出异议的，不予注册并禁止使用。 就同一种商品或者类似商品申请注册的商标与他人在先使用的未注册商标相同或者近似，申请人与该他人具有前款规定以外的合同、业务往来关系或者其他关系而明知该他人商标存在，该他人提出异议的，不予注册。 第二十八条　对申请注册的商标，商标局应当自收到商标注册申请文件之日起9个月内审查完毕，符合本法有关规定的，予以初步审定公告。 第三十一条　两个或者两个以上的商标注册申请人，在同一种商品或者类似商品上，以相同或者近似的商标申请注册的，初步审定并公告申请在先的商标；同一天申请的，初步审定并公告使用在先的商标，驳回其他人的申请，不予公告。 第三十二条　申请商标注册不得损害他人现有的在先权利，也不得以不正当手段抢先注册他人已经使用并有一定影响的商标。
其他	第十二条　以三维标志申请注册商标的，仅由商品自身的性质产生的形状、为获得技术效果而需有的商品形状或者使商品具有实质性价值的形状，不得注册。

2. 权利归属

自然人、法人或者其他组织在生产经营活动中，对其商品或者服务需要取得商标专用权的，应当向商标局申请商标注册。两个以上的自然人、法人或者其他组织可以共同向商标局申请注册同一商标，共同享有和行使该商标专用权。

（二）注册商标的申请和审查

注册商标的有效期为10年，自核准注册之日起计算。注册商标有效期满，需要继续使用的，商标注册人应当在期满前12个月内按照规定办理续展手续；在此期间未能办理的，可以给予6个月的宽展期。每次续展注册的有效期为10年，自该商标上一届有效期满次日起计算。期满未办理续展手续的，注销其注册商标。商标局应当对续展注册的商标予以公告。

商标申请审查的流程如表1－7所示。

表1－7　商标申请审查流程

阶段	流程	审查内容
申请	向国家知识产权局商标局提出申请	①每一件商标注册申请应当提交《商标注册申请书》1份，商标图样1份；以颜色组合或者着色图样申请商标注册的，应当提交着色图样，并提交黑白稿1份；不指定颜色的，应当提交黑白图样。②申请人身份证明文件。③委托商标代理机构办理的，应当提交代理委托书。④要求优先权的，应当在提出商标注册申请的时候提出书面声明，并且在3个月内提交第一次提出的商标注册申请文件的副本。⑤申请人提交的各种证件、证明文件和证据材料是外文的，应当附送中文译文。⑥国内大陆地区自然人办理商标注册申请的，还应当注意符合《自然人办理商标注册申请注意事项》的要求

续表

阶段	流程	审查内容
形式审查	商标注册主管机关对申请商标注册的文件、手续是否合乎法律规定进行审查。若符合法律规定，审查机构编定申请号，确定申请日	①申请人是否具有申请注册商标的主体资格和申请人申请商标所指定保护的商品是否符合法律规定；②外国申请人是否委托了我国指定的商标代理组织。国内申请人委托代理人的，其委托书是否符合要求；③申请书填写是否符合规定；④商标及商标图样的规格、数量是否符合要求；⑤应交送的证明文件是否完备，规费是否缴纳；审查一份申请是否只申报了一个商标；⑥审查商标的申请日期，编定申请号。 通过审查认为申请手续齐备并按照规定填写申请书件的，编定申请号，发给《受理通知书》
实质审查	商标实质审查是商标注册主管机关对商标注册申请是否合乎《商标法》的规定所进行的检查、资料检索、分析对比、调查研究并决定给予初步审定或驳回申请等一系列活动	①商标是否符合法定的构成要素； ②商标是否具有显著特征； ③商标是否违反了《商标法》的禁用条款； ④商标是否与他人在同一种或类似商品上已经注册或者初步审定或者申请在先的商标相同或者近似
初步审定公告	经实质审查后，商标局对于符合《商标法》有关规定的，做出允许其注册的决定。并在《商标公告》中予以公告	—

续表

阶段	流程	审查内容
异议	对初步审定公告的商标，自公告之日起3个月内，可以向商标局提出异议	①在先权利人、利害关系人提起异议的商标是否违反《商标法》第十三条第二款和第三款、第十五条、第十六条第一款、第三十条、第三十一条、第三十二条的规定；任何人提起异议的商标是否违反《商标法》第四条、第十条、第十一条、第十二条、第十九条第四款规定； ②一式两份并标明正、副本的异议材料：商标异议申请书；协议人身份证明；以违反商标法第十三条第二款和第三款、第十五条、第十六条第一款、第三十条、第三十一条、第三十二条规定为由提出议异的，异议作为在先权利人或者利害关系人的证明
	对初步审定公告的商标提出异议的，商标局应当听取异议人和被异议人陈述事实和理由，经调查核实后，自公告期满之日起12个月内做出是否准予注册的决定，并书面通知异议人和被异议人。有特殊情况需要延长的，经相关部门批准，可以延长6个月	
	商标局做出不予注册决定，被异议人不服的，可以自收到通知之日起15日内向商标评审委员会❶申请复审。商标评审委员会应当自收到申请之日起12个月内做出复审决定，并书面通知异议人和被异议人。有特殊情况需要延长的，经国务院工商行政管理部门批准，可以延长6个月	
	被异议人对商标评审委员会的决定不服的，可以自收到通知之日起30日内向人民法院起诉	
	当事人对一审法院判决结果不服的，可以提出上诉，二审判决为终审	
注册公告	商标公告期无人提出异议的，以及虽有异议但不成立的，该商标予以注册，发给商标注册证，并予公告	—

❶ 2018年国家机构改革以后，商标评审委员会已取消，其职能由国家知识产权局商标局的评审处承担。但《商标法》未作更新，故本书涉及之处暂时保护此种叫法。

为了更直观地显示商标注册流程，制作图1-1。

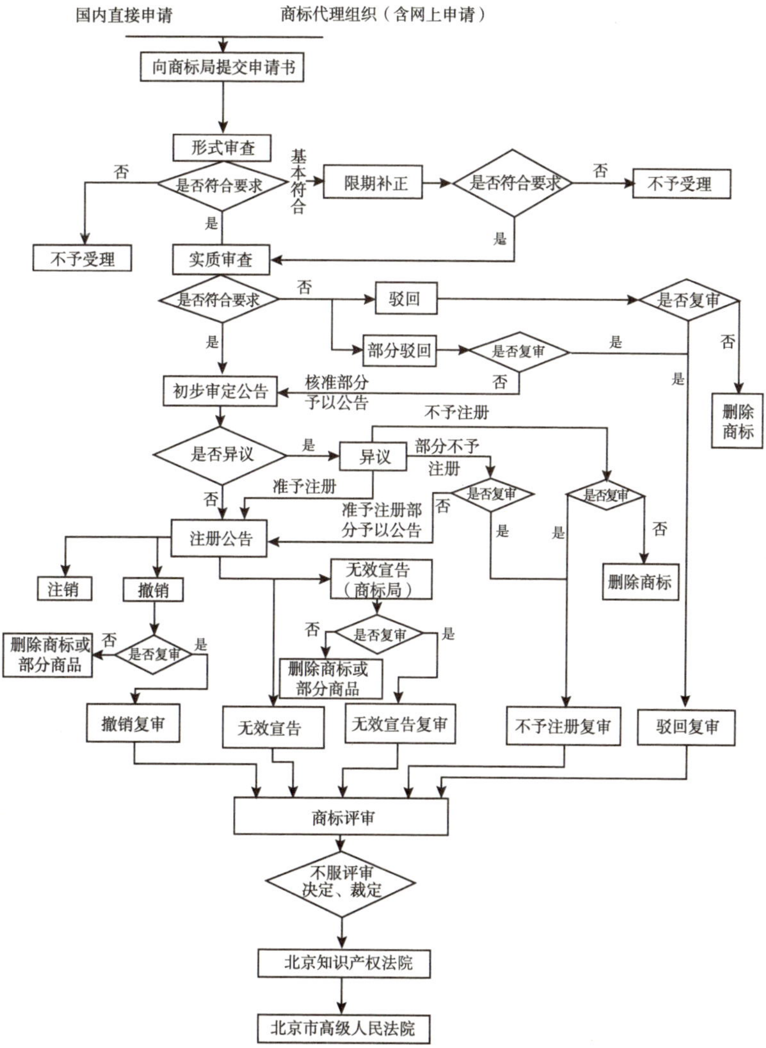

图1-1 商标注册流程

（三）注册商标的无效宣告

1. 注册商标无效宣告的事由及救济（如表 1-8 所示）

注册商标的无效宣告是商标局或商标评审委员会依法强制宣告已经注册的商标无效的程序。

表 1-8 注册商标无效宣告的事由及救济

<table>
<tr><th>情形</th><th>程序启动</th><th>时间</th><th>救济</th></tr>
<tr><td rowspan="2">已经注册的商标，违反《商标法》第四条、第十条、第十一条、第十二条、第十九条第四款规定的，或者是以欺骗手段或者其他不正当手段取得注册的</td><td>商标局宣告该注册商标无效</td><td rowspan="2">随时</td><td>当事人对商标局宣告注册商标无效的决定不服的，可以自收到通知之日起 15 日内向商标评审委员会申请复审。
当事人对商标评审委员会的决定不服的，可以自收到通知之日起 30 日内向人民法院起诉</td></tr>
<tr><td>其他单位或者个人可以请求商标评审委员会宣告该注册商标无效</td><td>当事人对商标评审委员会的裁定不服的，可以自收到通知之日起 30 日内向人民法院起诉。人民法院应当通知商标裁定程序的对方当事人作为第三人参加诉讼</td></tr>
<tr><td>已经注册的商标，违反《商标法》第十三条第二款和第三款、第十五条、第十六条第一款、第三十条、第三十一条、第三十二条规定的</td><td>在先权利人或者利害关系人可以请求商标评审委员会宣告该注册商标无效</td><td>自商标注册之日起 5 年内（对恶意注册的，驰名商标所有人不受 5 年的时间限制）</td><td>当事人对商标评审委员会的裁定不服的，可以自收到通知之日起 30 日内向人民法院起诉。人民法院应当通知商标裁定程序的对方当事人作为第三人参加诉讼</td></tr>
</table>

2. 商标无效宣告的流程（如表1－9所示）

表1－9　商标无效宣告流程

<table>
<tr><th>阶段</th><th colspan="3">流程</th></tr>
<tr><td>申请</td><td colspan="3">向商标评审委员会提交申请书</td></tr>
<tr><td rowspan="3">受理</td><td>商标局宣告注册商标无效复审</td><td colspan="2">无须答辩</td></tr>
<tr><td>其他单位或者个人请求宣告注册商标无效</td><td>商标评审委员会收到申请后，应当书面通知有关当事人，并限期提出答辩</td><td rowspan="2">符合受理条件的，予以受理；不符合的不予受理；需要补正的，通知申请人在30日内补正，经补正仍不符合条件的不予受理，期满未补正的视为撤回，商标评审委员会应当书面通知申请人</td></tr>
<tr><td>在先权利人或者利害关系人请求宣告该注册商标无效</td><td>商标评审委员会收到申请后，应当书面通知有关当事人，并限期提出答辩</td></tr>
<tr><td rowspan="3">评审</td><td>商标局宣告注册商标无效复审</td><td colspan="2">商标评审委员会应当自收到申请之日起9个月内做出决定，并书面通知当事人。有特殊情况需要延长的，经相关部门批准，可以延长3个月</td></tr>
<tr><td>其他单位或者个人请求宣告注册商标无效</td><td colspan="2">商标评审委员会应当自收到申请之日起9个月内做出维持注册商标或者宣告注册商标无效的裁定，并书面通知当事人。有特殊情况需要延长的，经相关部门批准，可以延长3个月</td></tr>
<tr><td>在先权利人或者利害关系人请求宣告该注册商标无效</td><td colspan="2">商标评审委员会应当自收到申请之日起12个月内做出维持注册商标或者宣告注册商标无效的裁定，并书面通知当事人。有特殊情况需要延长的，经相关部门批准，可以延长6个月</td></tr>
</table>

3. 商标无效宣告的效力

宣告无效的注册商标，由商标局予以公告，该注册商标专用权视为自始即不存在。宣告注册商标无效的决定或者裁定，对宣告无效前人民法院做出并已执行的商标侵权案件的判决、裁定、调解书和工商行政管理部门做出并已执行的商标侵权案件的处理决定以及已经履行的商标转让或者使用许可合同不具有追溯力。但是，因商标注册人的恶意给他人造成的损失，应当给予赔偿。依照前述规定不返还商标侵权赔偿金、商标转让费、商标使用费，明显违反公平原则的，还应当全部或者部分返还。

（四）驰名商标的认定

根据（原）国家工商行政管理总局于 2014 年 7 月 3 日颁布的《驰名商标认定和保护规定》（2014 年修订），驰名商标是在中国为相关公众所熟知的商标。

1. 条件

目前，驰名商标认定遵循个案认定、被动保护的原则。认定驰名商标应当考虑下列因素：

（1）相关公众对该商标的知晓程度；

（2）该商标使用的持续时间；

（3）该商标的任何宣传工作的持续时间、程度和地理范围；

（4）该商标作为驰名商标受保护的记录；

（5）该商标驰名的其他因素。

2. 途径

目前，中国实行行政主管部门与人民法院均可认定的双轨制，但须以当事人提出申请或请求为前提，并且该申请或请求必须建立在相关权益受损的基础上。主要途径有三种，具体如表 1 – 10 所示。

表 1-10　驰名商标认定途径

机构	环节	流程
商标局	在商标管理案件中认定	涉及驰名商标保护的商标违法案件由市（地、州）级以上知识产权行政管理部门管辖。当事人请求工商行政管理部门查处商标违法行为，并依照《商标法》第十三条规定请求驰名商标保护的，可以向违法行为发生地的市（地、州）级以上知识产权行政管理部门进行投诉，并提出驰名商标保护的书面请求，提交证明其商标构成驰名商标的证据材料
	在商标异议案件中认定	有关当事人认为其商标构成驰名商标的，可以向商标局请求认定其为驰名商标，此时应当提交该商标构成驰名商标的证据材料
商标评审委员会	在商标不予注册复审案件和请求无效宣告案件中认定	依照《商标法》第十三条规定请求驰名商标保护的，可以向商标评审委员会提出驰名商标保护的书面请求并提交其商标构成驰名商标的证据材料
人民法院	在商标侵权纠纷中认定	根据当事人的请求和案件的具体情况，可以对涉及的注册商标是否驰名依法作出认定

三、著作权

（一）著作权的取得条件与权利归属

1. 取得条件

根据我国《著作权法》的规定，著作权自作品创作完成之日起自动产生。

但对于作品，应当符合如下要求：

（1）独创性。指作者在创作作品的过程中投入了某种智力性的劳动，创作出来的作品具有最低限度的创造性。

（2）具有可复制再现性，作品的表现形式应当符合法律的规定。

2. 权利归属

（1）作品著作权（如表 1－11 所示）

表 1－11　不同情况下作品著作权权利归属

<table>
<tr><th colspan="2">情况</th><th>权利归属</th><th>备注</th></tr>
<tr><td colspan="2">非职务作品</td><td>作者</td><td>—</td></tr>
<tr><td rowspan="2">职务作品</td><td>一般情况</td><td>作者</td><td>单位权利：①在业务范围内优先使用；②作品完成 2 年内，独占使用</td></tr>
<tr><td>主要利用单位的物质技术条件创作并由单位承担责任的工程设计、产品设计图纸、计算机软件、地图等职务作品；法律法规规定或合同另有约定的职务作品</td><td>法人和其他组织</td><td>作者权利：①署名权；②获得奖励的权利</td></tr>
<tr><td>委托作品</td><td>受委托创作的作品</td><td>①双方通过合同约定；
②合同未作明确约定或者没有订立合同的，著作权属于受托人</td><td>—</td></tr>
<tr><td>演绎作品</td><td>改编、翻译、注释、整理已有作品而产生的作品</td><td>改编、翻译、注释、整理人</td><td>行使著作权时，不得侵犯原作品的著作权</td></tr>
</table>

续表

情况		权利归属	备注
汇编作品	汇编若干作品、作品的片段或者不构成作品的数据或其他材料，对其内容的选择或者编排体现独创性的作品	汇编人	行使著作权时，不得侵犯原作品的著作权
电影作品	摄制在一定介质上，由一系列有伴音或无伴音的画面组成，并且借助适当装置放映或以其他方式传播的作品	制片者	①编剧、导演、摄影、作词、作曲等作者享有署名权，并有权按照与制片者签订的合同获得报酬； ②电影作品和以类似摄制电影的方法创作的作品中的剧本、音乐等可以单独使用的作品的作者有权单独行使其著作权
美术作品	指通过绘画、书法、雕塑等以线条、色彩或者其他方式构成的有审美意义的平面或者立体的造型艺术作品	①著作权归美术作品的创作者； ②展览权归原件所有人享有	美术作品原件所有权的转移，不视为作品著作权的转移

（2）计算机软件著作权（如表 1－12 所示）

表 1－12　不同情况下计算机软件著作权的权利归属

<table>
<tr><th colspan="2">情况</th><th>权利归属</th><th>备注</th></tr>
<tr><td colspan="2">非职务作品</td><td>软件开发者</td><td>—</td></tr>
<tr><td rowspan="3">职务作品</td><td>针对本职工作中明确指定的开发目标所开发的软件</td><td rowspan="3">法人或者其他组织</td><td rowspan="3">法人或者其他组织可以对开发软件的人进行奖励</td></tr>
<tr><td>开发的软件是从事本职工作活动所预见的结果或者自然的结果</td></tr>
<tr><td>主要使用了法人或者其他组织的资金、专用设备、未公开的专门信息等物质技术条件所开发并由法人或其他组织承担责任的软件</td></tr>
<tr><td colspan="2" rowspan="2">合作开发：两个或两个以上的自然人、法人或者其他组织合作开发的软件</td><td>权利归属由双方书面合同约定</td><td rowspan="2">—</td></tr>
<tr><td>无书面合同或者合同未作明确约定：
①合作开发的软件可以分割使用的，开发者对各自开发的部分可以单独享有著作权；但是，行使著作权时，不得扩展到合作开发的软件整体的著作权；
②合作开发的软件不能分割使用的，其著作权由各合作开发者共同享有，通过协商一致行使；不能协商一致，又无正当理由的，任何一方不得阻止他方行使除转让权以外的其他权利，但是所得收益应当合理分配给所有合作开发者</td></tr>
</table>

续表

情况	权利归属	备注
委托开发	①委托人与受托人签订书面合同约定； ②无书面合同或者合同未作明确约定的，其著作权由受托人享有	—

（二）著作权登记的审查和批准

1. 作品著作权

作品自创作完成之日起自动获得著作权的保护。我国采取自愿登记制度（其登记单位及材料要求如表1-13所示，登记流程如图1-2和图1-3所示），即作品不论是否登记，作者或其他著作权人依法取得的著作权不受影响。

其中，作者的署名权、修改权、保护作品完整权的保护期不受限制。

公民的作品，其发表权、作品财产权的保护期为作者终生及其死亡后50年，截止于作者死亡后第50年的12月31日；如果是合作作品，截止于最后死亡的作者死亡后第50年的12月31日。

表1-13　作品著作权登记单位及材料要求

单位	材料要求
中国版权保护中心著作权登记部	①《作品著作权登记申请表》； ②申请人身份证明文件复印件； ③权利归属证明文件； ④作品的样本（可以提交纸介质或者电子介质作品样本）； ⑤作品说明书（请从创作目的、创作过程、作品独创性三方面写，并附申请人签章，标明签章日期）； ⑥委托他人代为申请时，代理人应提交申请人的授权书（代理委托书）及代理人身份证明文件复印件

续表

单位	材料要求
北京版权保护中心	①个人作品（由单个自然人创作的作品）： （a）作品登记申请表； （b）权利保证书； （c）作品说明书； （d）作品复制件； （e）著作权人身份证件。 ②法人作品（单个法人或其他组织创作的作品）： （a）作品登记申请表； （b）权利保证书； （c）作品说明书； （d）作品复制件； （e）法人作品权利归属文件； （f）著作权人身份证件。 不同类别作品的具体申请材料请登录 http：//banshi. beijing. gov. cn/newhall/bszn/18/128389. html？&servicePlaceId = 18#new_sqcl 网站进行查询

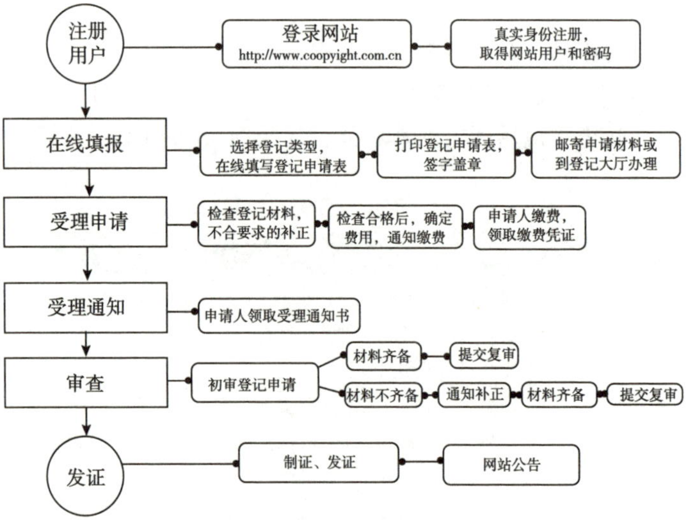

图 1－2　北京版权保护中心作品著作权登记流程

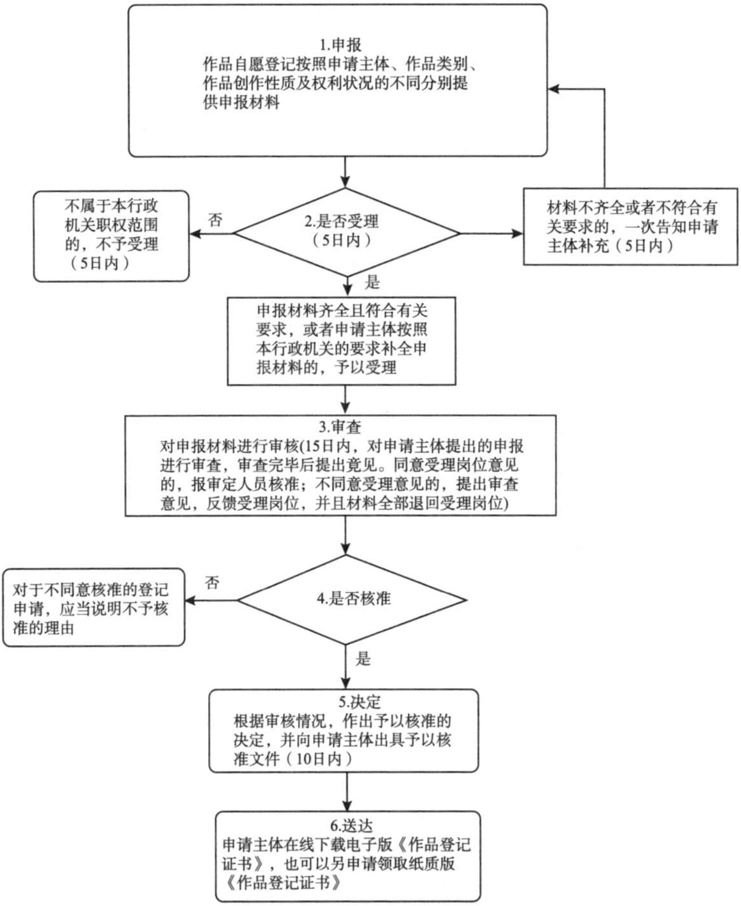

图 1－3　作品自愿登记流程

法人或者其他组织的作品、著作权（署名权除外）由法人或者其他组织享有的职务作品，其发表权、复制权、发行权、出租权、展览权、表演权、放映权、广播权、信息网络传播权、摄制权、改编权、翻译权、汇编权以及应当由著作权人享有的其他权利的保护期为 50 年，截止于作品首次发表后第 50 年的 12 月 31 日，但作品自创作完成后50年内未发表的，不再保护。

2. 计算机软件著作权

软件著作权自软件开发完成之日起产生。其登记机构及所需文件如表1－14所示。

表1－14 计算机软件著作权登记机构及所需文件

登记机构	所需文件
中国版权保护中心软件登记部	①软件著作权登记申请表。 ②软件（程序、文档）的鉴别材料（一般交存：源程序和文档应提交前、后各连续30页，不足60页的，应当全部提交；例外交存：请按照《计算机软件著作权登记办法》第十二条规定的方式之一提交软件的鉴别材料。注：申请人若在源程序和文档页眉上标注了所申请软件的名称和版本号，应当与申请表中相应内容完全一致，右上角应标注页码，源程序每页不少于50行，最后一页应是程序的结束页，文档每页不少于30行，有图除外）。 ③有关证明文件：包括申请人及代理人的身份证明文件、权利归属证明文件等。 ④其他证明文件
北京计算机软件登记中心	必须提交的材料： ①计算机软件著作权登记申请表。 ②软件（程序、文档）的鉴别材料（源程序和文档应提交前、后各连续30页，不足60页的，应当全部提交。注：申请人若在源程序和文档页眉上标注了所申请软件的名称和版本号，应当与申请表中相应内容完全一致，右上角应标注页码，源程序每页不少于50行，最后一页应是程序的结束页，文档每页不少于30行，有图除外）。 ③申请人身份资质文件。 ④联系人证件。 ⑤权利归属文件。 ⑥特殊申请文件。 申请材料总要求：以上材料除软件鉴别材料外，法人或其他组织提交的须加盖单位公章，自然人提交的须申请人签字。具体申请材料请登录 http://banshi.beijing.gov.cn/newhall/bszn/18/25097.html?&servicePlaceId=18#new_sqcl 网站进行查询

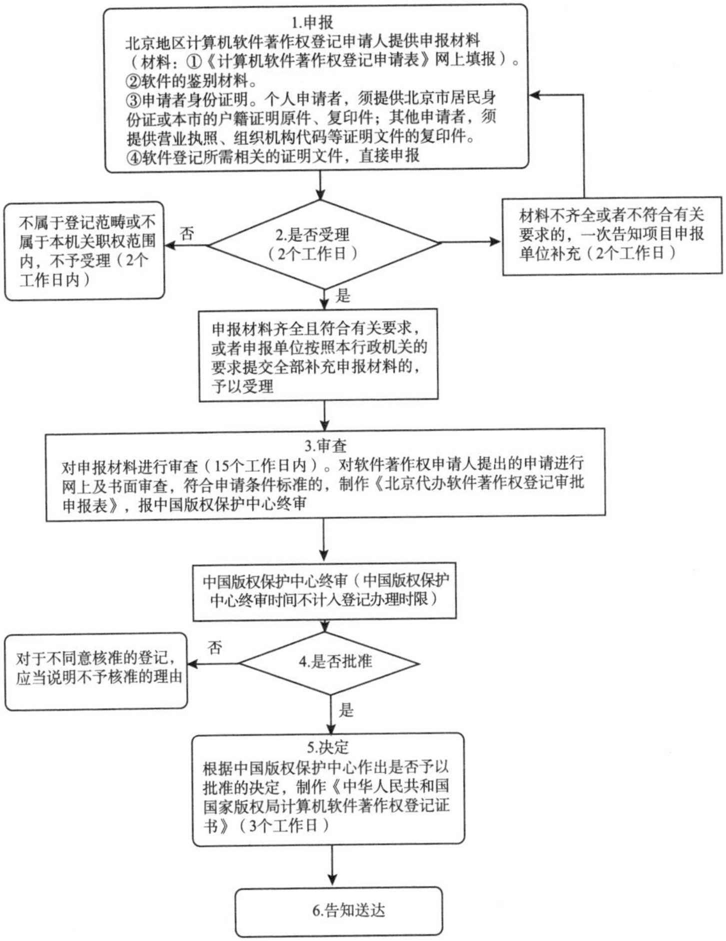

图 1-4　北京地区计算机软件著作权登记流程

自然人的软件著作权，保护期为自然人终生及其死亡后 50 年，截止于自然人死亡后第 50 年的 12 月 31 日；软件是合作开发的，截止于最后死亡的自然人死亡后第 50 年的 12 月 31 日。

法人或者其他组织的软件著作权，保护期为 50 年，截止于软件首次发表后第50年的12月31日，但软件自开发完成之日起50年内未发表的，不再受到保护。

中国版权保护中心计算机软件著作权登记流程为：填写申请表→提交申请文件→登记机构受理申请→审查→取得登记证书。

北京地区计算机软件著作权登记流程如图1-4所示。

（三）著作权登记的撤销

1. 作品著作权

根据《作品自愿登记试行办法》的规定，有下列情形的，作品登记机关应撤销其登记：

（1）登记后发现属于不受《著作权法》保护的作品、超过著作权保护期的作品、依法禁止出版或传播的作品；

（2）登记后发现与事实不相符的；

（3）申请人申请撤销原作品登记的；

（4）登记后发现是重复登记的。

2. 软件著作权

（1）撤销登记的情形。

依据《计算机软件著作权登记办法》第二十三条的规定，国家版权局可以根据最终的司法判决和著作权行政处罚决定撤销软件登记。经审查申请文件符合规定的，国家版权局予以撤销登记，向申请人发放撤销软件登记决定及送达通知书，并予以公告。

① 撤销软件登记的范围是软件著作权登记、软件著作权转让和专有许可合同登记。

② 撤销软件登记的申请人应当是与软件著作权有利害关系的人。

（2）办理流程。

填写撤销软件著作权登记请求书→提交申请文件→登记机构受理申请→上报国家版权局审批→撤销决定及送达通知书

注：办理撤销软件著作权登记申请前需先做软件登记概况查询。

（3）撤销登记需要提交的材料。

① 撤销软件著作权登记请求书；

② 证明材料（与软件相关的最终司法判决或生效的行政处罚决定等证明文件）；

③ 身份证明文件；

④ 撤销理由说明（申请人应书面陈述撤销软件登记的理由）；

⑤ 软件著作权登记概况查询结果；

⑥ 委托代理的，应当提交代理人的身份证明文件复印件。

四、商业秘密

（一）商业秘密的取得

与商业秘密有关的权利依法自动产生，权利人不需要向国家机关提出申请，不需要缴纳相关的费用。商业秘密的保护期不是法定的，取决于权利人的保密措施和其他人对此项秘密的公开。

（二）商业秘密的构成要件

1. 秘密性

该信息不为公众所知悉，即有关信息不为其所述领域的相关人员普遍知悉和容易获得。

2. 价值性

该信息能为权利人带来竞争优势或商业利益。

3. 保密性

权利人对该信息采取了保密措施。

第三节　文化科技融合产业知识产权的运用

一、主要方式

（一）自行使用

知识产权的自行使用是指作为知识产权权利人的所有者或依法有权处分的组织和个人使用所有的知识产权，谋求或取得相应的竞争优势或收益的过程。主要有两种方式知识产权权利人积极直接实施知识产权，以及消极间接实施知识产权。自行使用知识产权可以起到禁止他人侵权使用，保持合法垄断地位，获得超额垄断利润等作用。

文化科技融合产业知识产权权利人可以通过商业利用自有知识产权的方式获得利益回报。

（二）许可

许可，是指许可方将所涉知识产权授予被许可方按照约定使用的活动。许可主要分为三类：独占许可、排他许可和普通许可。

许可的方式将促进知识产权的有效运用，提高知识产权收益能力，减少、降低在知识产权活动中的经济与法律风险。

其中需要注意的是，对于国家法律法规有特殊规定的专利强制许可、专利实施许可合同备案、商标使用许可合同备案、特许经营合同备案等，应适用有关规定。

文化科技融合产业知识产权权利人有时限于自身经济能力，无法自行使用其知识产权，可以借助外部力量使其知识产权得到使用，同时也能有效保护其知识产权。

（三）转让

知识产权转让，是指知识产权出让主体与知识产权受让主体，根据与知识产权转让有关的法律法规和双方签定的转让合同，将知识产权权利由出让方转移给受让方的法律行为。在无特别说明的情况下，本文所说的知识产权转让仅指合同转让，不包括因继承等方式发生的权利移转。

知识产权转让包括所有权转让和使用权转让。

文化科技融合产业企业可以对闲置的知识产权予以转让，也可以通过购买的方式取得需要的知识产权。

（四）质押

知识产权质押是指知识产权权利人以合法拥有的知识产权中的财产权作为质押标的物出质，经评估作价后向银行等融资机构获取资金，并按期偿还资金本息的一种融资行为。

对符合条件的文化科技融合产业企业，可以用知识产权质押贷款的方式解决资金周转困难和资金不足的问题，这有助于解决企业贷款难的问题。

（五）投资

知识产权投资是指知识产权权利人依法将知识产权资产评估作价，作为对公司（企业）的非货币、非实物出资，以获得所投资公司（企业）股权的行为。

知识产权投资的前提：投资人应具有投资理念与思路、风险意识并懂得依法评估、合同签署、交易登记等。

知识产权投资的具体类型：转让投资、合作投资、许可投资、合资投资等。

文化科技融合产业知识产权的权利人以知识产权投资，既是投资方式的一种独特选择，也能促进文化科技融合产业知识产权的运用。

二、合同示例及注意事项

（一）合同示例

根据我国知识产权相关法律法规的规定，国家知识产权局提供了专利权实施许可合同、专利权质押合同等合同范本。此外，国家版权局等相应知识产权行政主管部门的网站也提供了一些合同示例。此处，仅提供《专利权实施许可合同》《技术转让（专利权）合同》《商标设计服务委托合同》的示例，以供参考。

示例 1：专利实施许可合同

专利实施许可合同
（试用）

专 利 名 称＿＿＿＿＿＿＿＿＿＿＿＿＿＿＿＿＿＿＿＿
专　利　号＿＿＿＿＿＿＿＿＿＿＿＿＿＿＿＿＿＿＿＿
许可方名称＿＿＿＿＿＿＿＿＿＿＿＿＿＿＿＿＿＿＿＿
地　　　址＿＿＿＿＿＿＿＿＿＿＿＿＿＿＿＿＿＿＿＿
代　表　人＿＿＿＿＿＿＿＿＿＿＿＿＿＿＿＿＿＿＿＿

被许可方名称＿＿＿＿＿＿＿＿＿＿＿＿＿＿＿＿＿＿＿＿
地　　　址＿＿＿＿＿＿＿＿＿＿＿＿＿＿＿＿＿＿＿＿
代　表　人＿＿＿＿＿＿＿＿＿＿＿＿＿＿＿＿＿＿＿＿
合同备案号＿＿＿＿＿＿＿＿＿＿＿＿＿＿＿＿＿＿＿＿

签订地点
签订日期　　　　年　　月　　日
有效期限至　　　年　　月　　日

国家知识产权局监制

前言　（鉴于条款）

第一条　名词和术语（定义条款）

第二条　专利许可的方式与范围

第三条　专利的技术内容

第四条　技术资料的交付

第五条　使用费及支付方式

第六条　验收的标准与方法

第七条　对技术秘密的保密事项

第八条　技术服务与培训（本条可签从合同）

第九条　后续改进的提供与分享

第十条　违约及索赔

第十一条　侵权的处理

第十二条　专利权被撤销和被宣告无效的处理

第十三条　不可抗力

第十四条　税费

第十五条　争议的解决办法

第十六条　合同的生效、变更与终止

第十七条　其他

许可方签章	被许可方签章
许可方法人代表签章	被许可方法人代表签章
年　月　日	年　月　日

许可方	名称（或姓名）	（签章）		
	法人代表	（签章）	委托代理人	（签章）
	联系人	（签章）		
	住所（通信地址）			
	电　话		电挂	
	开户银行			
	账　号		邮政编码	
被许可方	名称（或姓名）	（签章）		
	法人代表	（签章）	委托代理人	（签章）
	联系人	（签章）		
	住所（通信地址）			
	电　话		电挂	
	开户银行			
	账　号		邮政编码	
中介方	单位名称	（公章） 年　月　日		
	法人代表	（签章）	委托代理人	（签章）
	联系人	（签章）		
	住所（通信地址）			
	电　话		电挂	
	开户银行			
	账　号		邮政编码	

印 花 税 票 粘 贴 处

登记机关审查登记栏：   技术合同登记机关（专用章） 经办人：（签章）　年　月　日

专利实施许可合同
签订指南

国家知识产权局制

专利实施许可合同
签订指南

前言（鉴于条款）

——鉴于许可方（姓名或名称　注：必须与所许可的专利的法律文件相一致）拥有（专利名称　注：必须与专利法律文件相一致）专利，该专利为（职务发明创造或非职务发明创造），专利为（九位），公开号为（八位包括最后一位字母），申请日为____年____月____日，授权日为____年____月____日，专利的法定届满日为____年____月____日。并拥有实施该专利所涉及的技术秘密及工艺；

——鉴于被许可方（姓名或名称）属于________________领域的企业、事业单位、社会团体或个人等，拥有厂房____________，________设备，人员________________及其他条件，并对许可方的专利技术有所了解，希望获得许可而实施该专利技术（及所涉及的技术秘密、工艺等）；

——鉴于许可方同意向被许可方授予所请求的许可；

双方一致同意签订本合同

第一条　名词和术语（定义条款）

本条所涉及的名词和术语均为签定合同时出现的需要定义的名词和术语。如：

专利——本合同中所指的专利是许可方许可被许可方实施的由中国专利局受理的发明专利（或实用新型专利或外观设计专利）专利号：

________________发明创造名称：________________________。

技术秘密（know - how）——指实施本合同专利所需要的、在工业化生产中有助于本合同技术的最佳利用、没有进入公共领域的技术。

技术资料——指全部专利申请文件和与实施该专利有关的技术秘密及设计图纸、工艺图纸、工艺配方、工艺流程及制造合同产品所需的工装、设备清单等技术资料。

合同产品——指被许可方使用本合同提供的被许可技术制造的产品，其产品名称为：______________________。

技术服务——指许可方为被许可方实施合同提供的技术所进行的服务，包括传授技术与培训人员。

销售额——指被许可方销售合同产品的总金额。

净销售额——指销售额减去包装费、运输费、税金、广告费、商业折扣。

纯利润——指合同产品销售后，总销售额减去成本、税金后的利润额。

改进技术——指在许可方许可被许可方实施的技术基础上改进的技术。

普通实施许可——指许可方许可被许可方在合同约定的期限、地区、技术领域内实施该专利技术的同时，许可方保留实施该专利技术的权利，并可以继续许可被许可方以外的任何单位或个人实施该专利技术。

排他实施许可——指许可方许可被许可方在合同约定的期限、地区、技术领域内实施该专利技术的同时，许可方保留实施该专利技术的权利，但不得再许可被许可方以外的任何单位或个人实施该专利技术。

独占实施许可——指许可方许可被许可方在合同约定的期限、地区、技术领域内实施该专利技术，许可方和任何被许可方以外的单位或个人都不得实施该专利技术。

分许可——被许可方经许可方同意将本合同涉及的专利技术许可给第三方。

等等。

第二条　专利许可的方式与范围

该专利的许可方式是独占许可，（排他许可、普通许可、交叉许可、分许可）；

该专利的许可范围是在某地区制造（使用、销售）其专利的产品；（或者）使用其专利方法以及使用、销售依照该专利方法直接获得的产品；（或者）进口其专利产品（或者）进口依照其专利方法直接获得的产品。

第三条　专利的技术内容

许可方向被许可方提供专利号为＿＿＿＿＿＿＿＿，专利名称为＿＿＿＿＿＿＿＿＿＿＿＿＿＿的全部专利文件（见附件1），同时提供为实施该专利而必须的工艺流程文件（见附件2），提供设备清单（或直接提供设备）用于制造该专利产品（见附件3），并提供实施该专利所涉及的技术秘密（见附件4）及其他技术（见附件5）。

第四条　技术资料的交付

1. 技术资料的交付时间

合同生效后，许可方收到被许可方支付的使用费（入门费）（¥、$＿＿＿＿万元）后的＿＿＿＿日内，许可方向被许可方交付合同第三条所述的全部资料，即附件（1～5）中所示的全部资料。

自合同生效日起，＿＿＿＿日内，许可方向被许可方交付合同第三条所述全部（或部分）技术资料，即附件（1～5）中所示的全部资料。

2. 技术资料的交付方式和地点

许可方将全部技术资料以面交、挂号邮寄或空运方式递交给被许可方，并将资料清单以面交、邮寄或传真方式递交给被许可方，将空运单以面交、邮寄方式递交给被许可方。

技术资料交付地点为被许可方所在地或双方约定的地点。

第五条　使用费及支付方式

1. 本合同涉及的使用费为（¥、$）________元。采用一次总付方式，合同生效之日起________日内，被许可方将使用费全部汇至许可方账号或以现金方式支付给许可方。

2. 本合同涉及的使用费为（¥、$）________元。采用分期付款方式，合同生效后，________日内，被许可方即支付使用费的________%即（¥、$）________元给许可方，待许可方指导被许可方生产出合格样机________台________日后再支付________%即（¥、$）________元。直至全部付清。

被许可方将使用费按上述期限汇至许可方账号或以现金方式支付给许可方。

3. 使用费总额（¥、$）________元，采用分期付款方式

合同生效日支付（¥、$）________元

自合同生效日起________个月内支付（¥、$）________元

________个月内再支付（¥、$）________元

最后于________日内支付（¥、$）________元，直至全部付清。

被许可方将使用费按上述期限汇至许可方账号，或以现金方式支付给许可方。

4. 该专利使用费由入门费和销售额提成二部分组成。

合同生效日支付入门费（¥、$）________元，

销售额提成为________%（一般3～5%），每________个月（或每半年、每年底）结算一次。

被许可方将使用费按上述期限汇至许可方账号，或以现金方式支付给许可方。

5. 该专利使用费由入门费和利润提成二部分组成（提成及支付方式同4）。

6. 该专利使用费以专利技术入股方式计算，被许可方与许可方共同出资（¥、$）________万元联合制造该合同产品，许可方以专利技术入股股份占总投资的________%（一般不超过20%），第________年分红制，分配利润。

支付方式采用银行转账（托收、现金总付等）。现金总付地点一般为合同签约地。

7. 在4、5、6情况下许可方有权查阅被许可方实施合同技术的有关账目。

第六条　验收的标准与方法

1. 被许可方在许可方指导下，生产完成合同产品________个（件、吨、等单位量词）须达到许可方所提供的各项技术性能及质量指标（具体指标参数见附件6）并符合

国际____________________标准

________国家______________________标准

______________行业__________________________标准

2. 验收合同产品。由被许可方委托国家（或某一级）检测部门进行，或由被许可方组织验收，许可方参加，并给予积极配合，所需费用由被许可方承担。

3. 如因许可方的技术缺陷，造成验收不合格的，许可方应负责提出措施，消除缺陷。

第二次验收仍不合格，许可方没有能力消除缺陷的，被许可方有权终止合同，许可方返还使用费，并赔偿被许可方的部分损失。

4. 如因被许可责任使合同产品验收不合格的，许可方应协助被许可方，进行补救，经再次验收仍不合格，被许可方无力实施该合同技术的，许可方有权终止合同，且不返还使用费。

5. 合同产品经验收合格后，双方应签署验收合格报告。

第七条　对技术秘密的保密事项

1. 被许可方不仅在合同有效期内而且在有效期后的任何时候都不得将技术秘密（附件4）泄露给本合同当事双方（及分许可方）以外的任何第三方。

2. 被许可方的具体接触该技术秘密的人员均要同被许可方的法人代表签订保密协议，保证不违反上款要求。

3. 被许可方应将附件4妥善保存（如放在保险箱里）

4. 被许可方不得私自复制附件4，合同执行完毕，或因故终止、变更，被许可方均须把附件4退给许可方。

第八条　技术服务与培训（本条可签订从合同）

1. 许可方在合同生效后________日内负责向被许可方传授合同技术，并解答被许可方提出的有关实施合同技术的问题。

2. 许可方在被许可方实施该专利申请技术时，要派出合格的技术人员到被许可方现场进行技术指导，并负责培训被许可方的具体工作人员。

被许可方接受许可方培训的人员应符合许可方提出的合理要求。（确定被培训人员标准）

3. 被许可方可派出人员到许可方接受培训和技术指导。

4. 技术服务与培训的质量，应以被培训人员能够掌握该技术为准。（确定具体标准）

5. 技术服务与培训所发生的一切费用，如差旅费，伙食费等均由被许可方承担。

6. 许可方完成技术服务与培训后，经双方验收合格共同签署验收证明文件。

第九条　后续改进的提供与分享

1. 在合同有效期内，任何一方对合同技术所作的改进应及时通知对方；

2. 有实质性的重大改进和发展，申请专利的权利由合同双方当事人约定。没有约定的，其申请专利的权利归改进方，对方有优先、优价被许可，或者免费使用该技术的权利；

3. 属原有基础上的较小的改进，双方免费互相提供使用；

4. 对改进的技术还未申请专利时，另一方对改进技术承担保密义务，未经许可不得向他人披露、许可或转让该改进技术。

5. 属双方共同作出的重大改进，申请专利的权利归双方共有，另有约定除外。

第十条　违约及索赔

对许可方：

1. 许可方拒不提供合同所规定的技术资料，技术服务及培训，被许可方有权解除合同，要求许可方返还使用费，并支付违约金________。

2. 许可方无正当理由逾期向被许可方交付技术资料，提供技术服务与培训的，每逾期一周，应向被许可方支付违约金________，逾期超过________（具体时间），被许可方有权终止合同，并要求返还使用费。

3. 在排他实施许可中，许可方向被许可方以外的第三方许可该专利技术，被许可方有权终止合同，并要求支付违约金______。

4. 在独占实施许可中，许可方自己实施或许可被许可方以外的第三方实施该专利技术，被许可方有权要求许可方停止这种实施与许可行为，也有权终止本合同，并要求许可方支付违约金______。

对被许可方：

1. 被许可方拒付使用费的，许可方有权解除合同，要求返回全部技术资料，并要求赔偿其实际损失，并支付违约金________。

2. 被许可方延期支付使用费的，每逾期________（具体时间）要支付给许可方违约金________；逾期超过________（具体时间），许可方有权终止合同，并要求支付违约金________。

3. 被许可方违反合同规定，扩大对被许可技术的许可范围，许可方有权要求被许可方停止侵害行为，并赔偿损失，支付违约金________；并有权终止合同。

4. 被许可方违反合同的保密义务，致使许可方的技术秘密泄露，许可方有权要求被许可方立即停止违约行为，并支付违约金________。

第十一条　侵权的处理

1. 对合同有效期内，如有第三方指控被许可方实施的技术侵权，许可方应负一切法律责任；

2. 合同双方任何一方发现第三方侵犯许可方的专利权时，应及时通知对方，由许可方与侵权方进行交涉，或负责向专利管理机关提出请求或向人民法院提起诉讼，被许可方协助。

第十二条　专利权被撤销和被宣告无效的处理

1. 在合同有效期内，许可方的专利权被撤销或被宣告无效时，如无明显违反公平原则，且许可方无恶意给被许可方造成损失，则许可方不必向被许可方返还专利使用费。

2. 在合同有效期内，许可方的专利权被撤销或被宣告无效时，因许可方有意给被许可方造成损失，或明显违反公平原则，许可方应返还全部专利使用费，合同终止。

第十三条　不可抗力

1. 发生不以双方意志为转移的不可抗力事件（如火灾，水灾，地震，战争等）妨碍履行本合同义务时，双方当事人应做到：

（1）采取适当措施减轻损失；

（2）及时通知对方当事人；

（3）在（某种事件）期间，出具合同不能履行的证明；

2. 发生不可抗力事件在（合理时间）内，合同延期履行；

3. 生不可抗力事件在________________情况下，合同只能履行某一部分（具体条款）；

4. 发生不可抗力事件，持续时间超过________（具体时间），本合同即告终止。

第十四条　税费

1. 对许可方和被许可方均为中国公民或法人的，本合同所涉及的使用费应纳的税，按中华人民共和国税法，由许可方纳税；

2. 对许可方是境外居民或单位的，按中华人民共和国税法及《中华人民共和国外商投资企业和外国企业所得税法》，由许可方纳税；

3. 对许可方是中国公民或法人，而被许可方是境外单位或个人的，则按对方国家或地区税法纳税。

第十五条　争议的解决方法

1. 双方在履行合同中发生争议的，应按合同条款，友好协商，自行解决；

2. 双方不能协商解决争议的，提请________专利管理机关调处，对调处决定不服的，向人民法院起诉；

3. 双方发生争议，不能和解的，向人民法院起诉；

4. 双方发生争议，不能和解的提请________促裁委员会促裁；

注：2、3、4 只能选其一。

第十六条　合同的生效、变更与终止

1. 本合同自双方签字、盖章之日起生效，合同的有效期为________年，（不得超过专利的有效期）

2. （对独占实施许可合同）被许可方无正当理由不实施该专利技术的，在合同生效日后________（时间），本合同自行变更为普通实施许可合同。

3. 由于被许可方的原因，致使本合同不能正常履行的，本合同即告终止，或双方另行约定变更本合同的有关条款。

第十七条　其他

前十六条没有包含，但需要特殊约定的内容，如：

其他特殊约定，包括出现不可预见的技术问题如何解决，出现不可预见的法律问题如何解决等。

示例 2：技术转让（专利权）合同

技术转让（专利权）合同

项目名称：______________________________

受让方（甲方）：__________________________

让与方（乙方）：__________________________

签订时间：______________________________

签订地点：______________________________

有效期限：______________________________

中华人民共和国科学技术部印制

填写说明

一、本合同为中华人民共和国科学技术部印制的技术转让（专利权）合同示范文本，各技术合同登记机构可推介技术合同当事人参照使用。

二、本合同书适用于一方当事人（让与方、原专利权人）将其发明创造专利权转让受让方，受让方支付约定价款而订立的合同。

三、签约一方为多个当事人的，可按各自在合同关系中的作用等，在“委托方”“受托方”项下（增页）分别排列为共同受让人或共同让与人。

四、本合同书未尽事项，可由当事人附页另行约定，并作为本合同的组成部分。

五、当事人使用本合同书时约定无需填写的条款，应在该条款处注明“无”等字样。

技术转让（专利权）合同

受让方（甲方）：________________

住　所　地：________________

法定代表人：________________

项目联系人：________________

联系方式

通信地址：________________

电　　话：________________　传　　真：________________

电子信箱：________________

让与方（乙方）：________________

住　所　地：________________

法定代表人：________________

项目联系人：________________

联系方式

通信地址：________________

电　　话：________________　传　　真：________________

电子信箱：________________

本合同乙方将其________的专利权转让甲方，甲方受让并支付相应的转让价款。双方经过平等协商，在真实、充分地表达各自意愿的基础上，根据

第一条　《中华人民共和国合同法》的规定，达成如下协议，并由双方共同恪守。本合同转让的专利权：

1. 为________（发明、实用新型、外观设计）专利。

2. 发明人/设计人：________________。

3. 专利权人：____。
4. 专利授权日：______________________________________。
5. 专利号：____。
6. 专利有效期限：____________________________________。
7. 专利年费已交至____________________________________。
第二条 乙方在本合同签署前实施或许可本项专利权的状况如下：
1. 乙方实施本项专利权的状况（时间、地点、方式和规模）：
____。
2. 乙方许可他人使用本项专利权的状况（时间、地点、方式和规模）：____。
3. 本合同生效后，乙方有义务在________日内将本项专利权转让的状况告知被许可使用本发明创造的当事人。
第三条 甲方应在本合同生效后，保证原专利实施许可合同的履行。乙方在原专利实施许可合同中享有的权利和义务，自本合同生效之日起，由甲方承受。乙方应当在________日内通知并协助原专利实施许可合同的让与人与甲方办理合同变更事项。
第四条 本合同生效后乙方继续实施本项专利的，按以下约定办理：
____。
第五条 为保证甲方有效拥有本项专利权，乙方应向甲方提交以下技术资料：
1. ____；
2. ____；
3. ____；
4. ____。
第六条 乙方向甲方提交技术资料的时间、地点、方式如下：

1. 提交时间：___________________________________；
2. 提交地点：___________________________________；
3. 提交方式：___________________________________。

第七条　本合同签署后，由________方负责在________日内办理专利权转让登记事宜。

第八条　为保证甲方有效拥有本项专利，乙方向甲方转让与实施本项专利权有关的技术秘密：

1. 技术秘密的内容：_______________________________。
2. 技术秘密的实施要求：___________________________。
3. 技术秘密的保密范围和期限：______________________。

第九条　乙方应当保证其专利权转让不侵犯任何第三人的合法权益。如发生第三人指控甲方侵权的，乙方应当______________

____。

第十条　乙方对本合同生效后专利权被宣告无效，不承担法律责任。

第十一条　甲方向乙方支付该项专利权转让的价款及支付方式如下：

1. 专利权的转让价款总额为：__________________________，其中，技术秘密转让价款为________________________________。
2. 专利权的转让价款由甲方________（一次、分期或提成）支付乙方。

具体支付方式和时间如下：

（1）____；
（2）____；
（3）____。

乙方开户银行名称、地址和账号为：

开户银行：____；

地址：____；
账号：____。
3. 双方确定，甲方以实施研究开发成果所产生的利益提成支付乙方的研究开发经费和报酬的，乙方有权以____________方式查阅甲方有关的会计账目。
第十二条　双方确定，在本合同履行中，任何一方不得以下列方式限制另一方的技术竞争和技术发展：
1. ____；
2. ____；
3. ____。
第十三条　双方确定：
1. 甲方有权利用乙方转让专利权涉及的发明创造进行后续改进。由此产生的具有实质性或创造性技术进步特征的新的技术成果，归（甲方、双方）方所有。具体相关利益的分配办法如下：____
____。
2. 乙方有权在已交付甲方该项专利权后，对该项专利权涉及的发明创造进行后续改进。由此产生的具有实质性或创造性技术进步特征的新的技术成果，归________（乙方、双方）方所有。具体相关利益的分配办法如下：____________________。
第十四条　双方确定，按以下约定承担各自的违约责任：
1. ________方违反本合同第________条约定，应当________（支付违约金或损失赔偿额的计算方法）。
2. ________方违反本合同第________条约定，应当________（支付违约金或损失赔偿额的计算方法）。
3. ________方违反本合同第________条约定，应当________（支付违约金或损失赔偿额的计算方法）。

第十五条　双方确定，在本合同有效期内，甲方指定________为甲方项目联系人，乙方指定________为乙方项目联系人。项目联系人承担以下责任：

1. ____；

2. ____；

3. ____。

一方变更项目联系人的，应当及时以书面形式通知另一方。未及时通知并影响本合同履行或造成损失的，应承担相应的责任。

第十六条　双方确定，出现下列情形，致使本合同的履行成为不必要或不可能的，可以解除本合同：

1. 因发生不可抗力；

2. ____；

3. ____。

第十七条　双方因履行本合同而发生的争议，应协商、调解解决。协商、调解不成的，确定按以下第________种方式处理：

1. 提交____________________仲裁委员会仲裁；

2. 依法向人民法院起诉。

第十八条　双方确定：本合同及相关附件中所涉及的有关名词和技术术语，其定义和解释如下：

1. ____；

2. ____；

3. ____；

4. ____；

5. ____。

第十九条　与履行本合同有关的下列技术文件，经双方以________方式确认后，为本合同的组成部分：

1. 技术背景资料：________________________________；

2. 可行性论证报告：________________________________；
3. 技术评价报告：__________________________________；
4. 技术标准和规范：________________________________；
5. 原始设计和工艺文件：____________________________；
6. 其他：____。

第二十条　双方约定本合同其他相关事项为：______________
____。

第二十一条　本合同一式________份，具有同等法律效力。

第二十二条　本合同自国务院专利行政部门登记之日起生效。

甲方：________________（盖章）

法定代表人/委托代理人：________________（签名）

年　　月　　日

乙方：________________（盖章）

法定代表人/委托代理人：________________（签名）

年　　月　　日

示例3：商标设计服务委托合同

商标设计服务委托合同

委托方：
（以下简称“甲方”）
地址：
电话：
传真：

受托方：
（以下简称“乙方”）
地址：
电话：
传真：

根据《中华人民共和国合同法》和其他相关法律、法规，甲乙双方经友好协商，乙方接受甲方的委托，就甲方公司标志设计之事项，签订本合同。

一、委托事项及范围

甲方委托乙方为其设计一个公司标志，用于申请注册商标。

二、委托设计费用

设计（含税）总费用为人民币________元（大写：________元整）。

此费用不含甲方申请商标注册费用，及不含与商标注册相关的所有费用。

三、付款方式

1. 甲方需在本合同签订之日起 3 个工作日内向乙方支付人民币________元整（大写：________元整），即委托设计总费用的 35%；

2. 标志设计完成后，经甲方书面确认后三个工作日内向乙方支付人民币________元（大写：________元整），即委托设计总费用的 65%，

上述款项应支付到以下账户：

开户名：

账号：

开户行：

乙方在收到甲方的付款后，应当向甲方出具专用发票或者其他甲方认可的报销凭证。

四、乙方设计时间及交付方式

商标设计工作分为两个阶段完成，共计不超过________个工作日。

第一阶段：乙方需在收到甲方的银行划转凭据之日起________个工作日内设计出甲方公司的标志初稿，交予甲方。

第二阶段：作品初稿完成后，甲方若对作品提出修改意见，乙方每次修改时间不得超出三个工作日（从甲方提交修改意见的次日开始计算）。

乙方在收到甲方全部款项起一个工作日内，将确认的设计作品以可编辑或高精度电子稿和打样稿交予甲方。

五、知识产权约定

1. 甲方将委托设计的所有费用结算完毕后，甲方对该作品享有著作权。

2. 甲方在未付清所有委托设计费用之前，乙方设计的作品著作权归乙方，甲方对该作品不享有任何权利。

六、双方的权利义务

甲方权利：

1. 甲方有权对乙方的设计提出建议和思路，以使乙方设计的商标更符合甲方企业文化内涵；

2. 甲方有权对乙方所设计的商标提出修改意见；

3. 甲方在付清所有设计费用后，享有设计作品的所有权利。

甲方义务：

1. 甲方按照合同约定支付相关费用；

2. 甲方有义务提供有关企业资料或其他有关资料给乙方。

乙方权利：

1. 乙方有权要求甲方提供有关企业资料供乙方设计参考；

2. 乙方有权要求甲方按照合同约定支付相应款项；

3. 乙方在甲方未付清全部款项之前对设计的作品享有著作权，有权要求甲方在未付清全部款项之前不得使用该设计作品。

乙方义务：

1. 乙方需按甲方的要求进行作品设计，在甲方未认可的情况下，乙方需要提供五款以上的商标设计思路方案，供甲方挑选；

2. 乙方需按照合同约定按时交付设计作品；

3. 如甲方在申请商标注册期间，由于设计问题，影响甲方注册，乙方应免费协助甲方修改作品，配合甲方商标成功注册。

七、合同生效

本合同在双方签署后生效。以双方最后签字日期为合同生效日。

本合同一式两份，甲乙双方各执一份，均具有同等法律效力。

八、违约责任

1. 甲方在设计作品初稿完成后解除合同，其预付的35%委托设计总费用无权要求退回。

2. 乙方提前解除合同，其所收取的费用应当全部退回甲方，因此给甲方造成损失的，除不可归责于乙方的事由外，应当赔偿甲方损失。

九、争议的解决

甲乙双方如因履行本合同发生纠纷，应当友好协商解决。协商不成的，任何一方均可向有管辖权的人民法院提起诉讼。

（以下无正文）

甲方（盖章）　　　　　　　　　　乙方（盖章）

甲方代表：________　　　　　　　乙方代表：________

日期：____年____月____日　日期：____年____月____日

（二）注意事项

文化科技融合产业企业对知识产权进行使用，特别是在签订合同时应尽量保证把合同的风险降到最低，这需要文化科技融合产业知识产权权利人作为一方当事人在进行知识产权的许可、转让、质押和投资时注意以下事项：

（1）合同签订之前应对所涉知识产权进行价值评估，了解其实际价值，并对缔约方的缔约能力及其对所涉知识产权处分权的拥有情况进行核实；

（2）合同签订应选择书面形式；

（3）文化科技融合产业从业者应了解与知识产权保护相关的法律规定，规避风险的同时合理利用；

（4）选择合适的合同范本，尽量采用知识产权主管机关提供的范本，谨慎使用对方提供的格式合同，部分合同可根据实际需要，填写双方需要约束的内容；

（5）合同条款应至少包含相关法律明文规定的内容；

（6）合同条款中应对所涉知识产权的有效性、被诉侵权时责任的承担，被撤销或被宣告无效时合同的履行、发生争议时纠纷的解决方式等作出明确的约定；

（7）合同成立后需要办理相应的登记、备案手续的，还应当及时办理相应手续，并在合同中明确约定合同相对方的配合义务。

第四节　文化科技融合产业知识产权的保护

一、专利权

（一）专利权纠纷的类型和法律责任

1. 专利权纠纷的类型和法律责任（如表 1－15 所示）

表 1－15　专利权纠纷的类型和法律责任

纠纷类型	表现形式		法律责任	
专利侵权纠纷	发明、实用新型	未经专利权人许可，实施其专利，即以生产经营目的制造、使用、许诺销售、销售、进口其专利产品，或者使用其专利方法以及使用、许诺销售、销售、进口依照该专利方法直接获得的产品	民事	承担停止侵权、赔偿损失、消除影响等法律责任

续表

纠纷类型	表现形式		法律责任	
专利侵权纠纷	外观设计	未经专利权人许可，实施其专利，即以生产经营目的的制造、许诺销售、销售、进口其外观设计专利产品	行政	认定侵权行为成立的，可以责令侵权人立即停止侵权行为；应当事人的请求，可以就侵犯专利权的赔偿数额进行调解
假冒专利	①在未被授予专利权的产品或者其包装上标注专利标识，专利权被宣告无效后或者终止后继续在产品或者其包装上标注专利标识，或者未经许可在产品或者产品包装上标注他人的专利号； ②销售第①项所述产品； ③在产品说明书等材料中将未被授予专利权的技术或者设计称为专利技术或者专利设计，将专利申请称为专利，或者未经许可使用他人的专利号，使公众将所涉及的技术或者设计误认为是专利技术或者专利设计； ④伪造或者变造专利证书、专利文件或者专利申请文件； ⑤其他使公众混淆，将未被授予专利权的技术或者设计误认为是专利技术或者专利设计的行为		民事	假冒专利，同时又构成侵犯他人专利权的，应依法承担侵权损害的民事责任
			行政	除依法承担民事责任外，由管理专利工作的部门责令改正并予以公告，没收违法所得，可以并处违法所得4倍以下的罚款，没有违法所得的，可以处20万元以下的罚款
			刑事	假冒他人专利，情节严重的，处3年以下有期徒刑或者拘役，并处或者单处罚金
专利权属纠纷	申请权	在申请专利前或申请阶段，当事人之间就谁享有申请专利的权利而发生争议	—	—
	专利权	被正式授予专利权后，有关当事人对该发明创造的专利权应归谁所有而发生的争议		

续表

纠纷类型	表现形式	法律责任	
专利权合同纠纷	因专利权合同约定不明、意思表达不真实而造成的合同之债，具体包括：专利申请权转让合同纠纷、专利权转让合同纠纷、发明专利实施许可合同纠纷、实用新型专利实施许可合同纠纷、外观设计专利实施许可合同纠纷及专利代理合同纠纷	民事	承担违约责任

2. 不视为侵权的情形

《专利法》也规定了不视为侵犯专利权的情形（如表1-16所示）。

表1-16　不视为侵权的情形

情形	内　容
权利用尽	专利产品或者依照专利方法直接获得的产品，由专利权人或者经其许可的单位、个人售出后，使用、许诺销售、销售、进口该产品
在先使用	在专利申请日前已经制造相同产品、使用相同方法或者已经作好制造、使用的必要准备，并且仅在原有范围内继续制造、使用
临时过境	临时通过中国领陆、领水、领空的外国运输工具，依照其所属国同中国签订的协议或者共同参加的国际条约，或者依照互惠原则，为运输工具自身需要而在其装置和设备中使用有关专利
科学实验	专为科学研究和实验而使用有关专利
医药行政审批	为提供行政审批所需要的信息，制造、使用、进口专利药品或者专利医疗器械的，以及专门为其制造、进口专利药品或者专利医疗器械

3. 赔偿额的确定

专利侵权损失赔偿数额，应当包括权利人为制止侵权行为所支付的合理开支。

赔偿损失的计算方法是：首先，应当根据权利人因被侵权所受到的实际损失确定；其次，在实际损失难以确定的情况下，可以按照侵权人因侵权所获得的利益确定。最后，上述两种方式都不能确定的，参照该专利许可使用费的倍数合理确定。仍不能确定的，人民法院可以根据专利权的类型、侵权行为的性质和情节等因素，确定给予1万元以上100万元以下的赔偿。

另外，为生产经营目的使用、许诺销售或者销售不知道是未经专利权人许可而制造并售出的专利侵权产品，能证明该产品合法来源的，不承担赔偿责任。

（二）救济途径

1. 行政途径（如表1－17所示）

表1－17　专利权纠纷的行政救济途径

<table>
<tr><th colspan="2">救济途径</th><th>专利侵权纠纷</th><th>假冒专利</th><th>专利权属纠纷</th><th>专利权合同纠纷</th></tr>
<tr><td rowspan="2">行政</td><td>地域</td><td>被请求人所在地或者侵权行为地</td><td>行为发生地</td><td>被请求人所在地</td><td rowspan="2">—</td></tr>
<tr><td>级别</td><td colspan="3">省、自治区、直辖市人民政府以及专利管理工作量大又有实际处理能力的设区的市人民政府设立的管理专利工作的部门</td></tr>
</table>

2. 司法途径（如表 1－18 所示）

表 1－18　专利权纠纷的司法救济途径

<table>
<tr><th colspan="2">救济途径</th><th>专利侵权纠纷</th><th>假冒专利</th><th>专利权属纠纷</th><th>专利权合同纠纷</th></tr>
<tr><td rowspan="2">民事</td><td>地域</td><td colspan="2">侵权行为地或被告住所地的人民法院</td><td>侵权行为地或被告住所地的人民法院</td><td>原则上在被告住所地或者合同履行地</td></tr>
<tr><td>级别</td><td colspan="2">各省、自治区、直辖市人民政府所在地的中级人民法院和最高人民法院指定的中级人民法院，涉及实用新型和外观设计专利还可以由最高人民法院指定的基层法院审理</td><td colspan="2">各省、自治区、直辖市人民政府所在地的中级人民法院和最高人民法院指定的中级人民法院、基层人民法院审理</td></tr>
<tr><td>刑事</td><td>地域</td><td rowspan="2">—</td><td>由犯罪地的人民法院管辖。如果由被告人居住地的人民法院审判更为适宜的，可以由被告人居住地的人民法院管辖</td><td rowspan="2">—</td><td rowspan="2">—</td></tr>
<tr><td></td><td>级别</td><td>基层人民法院</td></tr>
</table>

北京知识产权法院一审管辖：（1）诉讼标的额在 2 亿元以下且当事人住所地均在本市的，以及诉讼标的额在 1 亿元以下且当事人一方住所地不在本市或者涉外、涉港澳台的专利、植物新品种、集成电路布图设计、技术秘密、计算机软件、垄断以及涉及驰名商标认定的第一审知识产权民事案件。（2）诉讼标的额在 1 亿元以上、2 亿元以下且当事人住所地均在本市的，以及诉讼标的额在 5000 万元以上、1 亿元以下且当事人一方住所地不在本市或者涉外、涉港

澳台的著作权、商标、技术合同、不正当竞争、特许经营合同等第一审知识产权民事案件。（3）对各基层人民法院作出的第一审知识产权民事判决、裁定提起上诉的案件。（4）对各基层人民法院已经发生法律效力的知识产权民事判决、裁定、调解书申请再审的案件，但是当事人依法向各基层人民法院申请再审的除外。（5）除《北京市高级人民法院关于调整本市法院知识产权民事案件管辖的规定》第一条第（四）项之外的在本市有重大影响的其他第一审知识产权民事案件。此外，北京知识产权法院专属管辖知识产权授权确权类行政案件。

根据《北京市高级人民法院关于北京市基层人民法院知识产权民事案件管辖调整的规定》，北京市基层法院的知识产权民事案件管辖调整为：北京市东城区人民法院管辖本辖区并跨区域管辖北京市通州区、顺义区、怀柔区、平谷区、密云区人民法院辖区内的第一审知识产权民事案件；北京市西城区人民法院管辖本辖区并跨区域管辖北京市大兴区人民法院辖区内的第一审知识产权民事案件；北京市丰台区人民法院管辖本辖区并跨区域管辖北京市房山区人民法院辖区内的第一审知识产权民事案件；北京市石景山区人民法院管辖本辖区并跨区域管辖北京市门头沟区、昌平区、延庆区人民法院辖区内的第一审知识产权民事案件。北京市朝阳区人民法院、北京市海淀区人民法院第一审知识产权民事案件的管辖不作调整，仍继续审理本辖区内的第一审知识产权民事案件。

3. 调解与和解

对专利纠纷，当事人可请求被请求人所在地或者侵权行为地行政管理部门进行调解；进行处理的管理专利工作的部门应当事人的请求，可以就侵犯专利权的赔偿数额进行调解。双方也可自行和解。

二、商标权

（一）商标权纠纷的类型与法律责任

1. 商标权纠纷的类型和法律责任（如表 1－19 所示）

表 1－19　商标权纠纷的类型与法律责任

纠纷类型	表现形式	法律责任	
侵犯注册商标专用权	①未经商标注册人的许可，在同一种商品上使用与其注册商标相同的商标的； ②未经商标注册人的许可，在同一种商品上使用与其注册商标近似的商标，或者在类似商品上使用与其注册商标相同或者近似的商标，容易导致混淆的； ③销售侵犯注册商标专用权的商品的； ④伪造、擅自制造他人注册商标标识或者销售伪造、擅自制造的注册商标标识的； ⑤未经商标注册人同意，更换其注册商标并将该更换商标的商品又投入市场的； ⑥故意为侵犯他人商标专用权行为提供便利条件，帮助他人实施侵犯商标专用权行为的； ⑦给他人的注册商标专用权造成其他损害的，包括但不限于下列行为：	民事	承担停止侵权、赔偿损失、消除影响等法律责任
		行政	责令立即停止侵权行为，没收、销毁侵权商品和主要用于制造侵权商品、伪造注册商标标识的工具，违法经营额 5 万元以上的，可以处违法经营额 5 倍以下的罚款，没有违法经营额或者违法经营额不足 5 万元的，可以处 25 万元以下的罚款。对 5 年内实施两次以上商标侵权行为或者有其他严重情节的，应当从重处罚。销售不知道是侵犯注册商标专用权的商品，能证明该商品是自己合法取得并说明提供者的，由工商行政管理部门责令停止销售

续表

纠纷类型	表现形式	法律责任	
侵犯注册商标专用权	(a) 在同一种或者类似商品上，将与他人注册商标相同或者近似的标志作为商品名称或者商品装潢使用，误导公众的； (b) 复制、摹仿、翻译他人注册的驰名商标或其主要部分在不相同或者不相类似商品上作为商标使用，误导公众，致使该驰名商标注册人的利益可能受到损害的； (c) 将与他人注册商标相同或者相近似的文字注册为域名，并且通过该域名进行相关商品交易的电子商务，容易使相关公众产生误认的。 将他人注册商标、未注册的驰名商标作为企业名称中的字号使用，误导公众，构成不正当竞争行为的，依照《中华人民共和国反不正当竞争法》处理	刑事	构成犯罪的，处 3 年以下有期徒刑或者拘役，并处或者单处罚金；情节特别严重的或销售金额数额巨大的，处 3 年以上 7 年以下有期徒刑，并处罚金
商标权属纠纷	当事人之间因商标专用权的归属发生的争议	民事	—
商标权合同纠纷	商标权转让合同纠纷、商标使用许可合同纠纷、商标代理合同中的纠纷	民事	承担违约责任

2. 赔偿数额的确定

《商标法》第六十三规定，侵犯商标专用权的赔偿数额，按照权利人因被侵权所受到的实际损失确定；实际损失难以确定的，可以按照侵权人因侵权所获得的利益确定；权利人的损失或者侵权人获得的利益难以确定的，参照该商标许可使用费的倍数合理确定。对恶意侵犯商标专用权，情节严重的，可以在按照上述方法确定数额的1倍以上5倍以下确定赔偿数额。赔偿数额应当包括权利人为制止侵权行为所支付的合理开支。权利人因被侵权所受到的实际损失、侵权人因侵权所获得的利益、注册商标许可使用费难以确定的，由人民法院根据侵权行为的情节判决给予500万元以下的赔偿。

销售不知道是侵犯注册商标专用权的商品，能证明该商品是自己合法取得的并说明提供者的，不承担赔偿责任。

3. 驰名商标

驰名商标的保护措施有：

（1）未在中国注册的驰名商标：就相同或者类似商品申请注册的商标是复制、摹仿或者翻译他人未在中国注册的驰名商标，容易导致混淆的，不予注册并禁止使用。

（2）已在中国注册的驰名商标：就不相同或者不相类似商品申请注册的商标是复制、摹仿或者翻译他人已经在中国注册的驰名商标，误导公众，致使该驰名商标注册人的利益可能受到损害的，不予注册并禁止使用。同时，已经注册的商标，违反《商标法》第十三条规定的，自商标注册之日起5年内，商标所有人或者利害关系人可以请求宣告该注册商标无效。对恶意注册的，驰名商标所有人不受5年的时间限制。

（3）商标所有人认为他人将其驰名商标作为企业名称登记，可能欺骗公众或者对公众造成误解的，可以向企业名称登记主管机关申请撤销该企业名称登记。企业名称登记主管机关应当依照《企业名称登记管理规定》处理。

《商标法》第十四条第五款规定，生产、经营者不得将“驰名商标”字样用于商品、商品包装或者容器上，或者用于广告宣传、展览以及其他商业活动中。违反规定的，由地方工商行政管理部门责令改正，处10万元罚款。

（二）救济途径

1. 行政途径（如表1－20所示）

表1－20　商标权纠纷的行政救济途径

救济途径		商标侵权纠纷	商标权属纠纷	商标权合同纠纷
行政	地域	侵权人所在地或者侵权行为地	—	—
	级别	县级以上工商行政管理机关		

2. 司法途径（如表1－21所示）

表1－21　商标权纠纷的司法救济途径

救济途径		商标侵权纠纷	商标权属纠纷	商标权合同纠纷
民事	地域	侵权行为的实施地、侵权商品的储藏地或者查封扣押地、被告住所地	被告住所地	原则上为被告住所地或者合同履行地
	级别	中级以上人民法院管辖。各高级人民法院根据本辖区的实际情况，经最高人民法院批准，可以在较大城市确定1～2个基层人民法院受理第一审商标民事纠纷案件		
刑事	地域	由犯罪地的人民法院管辖。如果由被告人居住地的人民法院审判更为适宜的，可以由被告人居住地的人民法院管辖	—	—
	级别	基层人民法院		

北京知识产权法院一审管辖、北京市基层法院的知识产权民事案件管辖参见“第四节、一、(二) 2. 司法途径”的相关内容。

3. 调解与和解

进行纠纷处理的工商行政管理部门根据当事人的请求，可以就侵犯商标专用权的赔偿数额进行调解。当事人双方也可自行和解。

三、著作权

(一) 著作权纠纷的类型与法律责任

1. 著作权纠纷的类型和法律责任（如表1-22所示）

表1-22 著作权纠纷的类型与法律责任

纠纷类型	表现形式	法律责任	
著作权及邻接权侵权纠纷	①未经著作权人许可，发表其作品的； ②未经合作作者许可，将与他人合作创作的作品当作自己单独创作的作品发表的； ③没有参加创作，为谋取个人名利，在他人作品上署名的； ④歪曲、篡改他人作品的； ⑤剽窃他人作品的； ⑥未经著作权人许可，以展览、摄制电影和以类似摄制电影的方法使用作品，或者以改编、翻译、注释等方式使用作品的，《著作权法》另有规定的除外； ⑦使用他人作品，应当支付报酬而未支付的；	民事	停止侵害、消除影响、赔礼道歉、赔偿损失等

续表

<table>
<tr><th>纠纷类型</th><th>表现形式</th><th colspan="2">法律责任</th></tr>
<tr><td rowspan="3">著作权及邻接权侵权纠纷</td><td>⑧未经电影作品和以类似摄制电影的方法创作的作品、计算机软件、录音录像制品的著作权人或者与著作权有关的权利人许可，出版其作品或者录音录像制品的，《著作权法》另有规定的除外；
⑨未经出版者许可，使用其出版的图书、期刊的版式设计的；
⑨未经表演者许可，从现场直播或者公开传送其现场表演，或者录制其表演的；
⑪其他侵犯著作权以及邻接权的行为</td><td>民事</td><td>停止侵害、消除影响、赔礼道歉、赔偿损失等</td></tr>
<tr><td rowspan="2">①未经著作权人许可，复制、表演、放映、汇编、通过信息网络向公众传播其作品的；
②出版他人享有专有出版权的图书的；
③未经表演者许可，复制、发行录有其表演的录音录像制品，或者通过信息网络向公众传播其表演的；
④未经录音录像制作者许可，复制、发行、通过信息网络向公众传播其制作的录音录像制品的；
⑤未经许可，播放或者复制广播、电视的；
⑥未经著作权或者与著作权有关的权利人许可，故意避开或者破坏权利人为其作品、录音录像制品等采取的保护著作权或者与著作权有关的权利的技术措施的，法律、行政法规另有规定的除外；
⑦未经著作权人或者与著作权有关的权利人许可，故意删除或者改变作品、录音录像制品等的权利管理电子信息的，法律、行政法规另有规定的除外；
⑧制作、出售假冒他人署名的作品的</td><td>民事</td><td>停止侵害、消除影响、赔礼道歉、赔偿损失等</td></tr>
<tr><td>行政</td><td>责令停止侵权行为，没收违法所得，没收、销毁侵权复制品，并可处以罚款；情节严重的，著作权行政管理部门还可以没收主要用于制作侵权复制品的材料、工具、设备等</td></tr>
</table>

续表

纠纷类型	表现形式	法律责任	
著作权及邻接权侵权纠纷	①未经著作权人许可，复制发行其文字作品、音乐、电影、电视、录像作品、计算机软件及其他作品的； ②出版他人享有专有出版权的图书的； ③未经录音录像制作者许可，复制发行其制作的录音录像的； ④制作、出售假冒他人署名的美术作品的； ⑤以营利为目的销售明知是上述侵权复制品的制作、出售假冒他人署名的作品的	刑事	构成犯罪的，处3年以下有期徒刑或拘役，并处或单处罚金；有左列1～4项行为，且违法所得巨大或有其他严重情节的，处3～7年有期徒刑，并处罚金
著作权及邻接权权属纠纷	①著作权权属纠纷； ②邻接权权属纠纷； ③计算机软件著作权权属纠纷	—	—
著作权及邻接权合同纠纷	①委托创作合同纠纷； ②合作创作合同纠纷； ③著作权转让合同纠纷； ④著作权许可使用合同纠纷； ⑤邻接权转让合同纠纷； ⑥邻接权许可使用合同纠纷； ⑦计算机软件开发合同纠纷； ⑧计算机软件著作权转让合同纠纷； ⑨计算机软件著作权许可使用合同纠纷	民事	承担违约责任

2. 不构成侵权的情形

根据《著作权法》的规定，在法定许可和合理使用的情况下，不需要著作人（也适用于对出版者、表演者、录音录像制作者、广播电台、电视台）许可，但应当指明作者姓名、作品名称，并且不得侵犯著作权人依法享有的其他权利。合理使用具体包括如下情形：

（1）为个人学习、研究或者欣赏，使用他人已经发表的作品。

（2）为介绍、评论某一作品或者说明某一问题，在作品中适当引用他人已经发表的作品。

（3）为报道时事新闻，在报纸、期刊、广播电台、电视台等媒体中不可避免地再现或者引用已经发表的作品。

（4）报纸、期刊、广播电台、电视台等媒体刊登或者播放其他报纸、期刊、广播电台、电视台等媒体已经发表的关于政治、经济、宗教问题的时事性文章，但作者声明不许刊登、播放的除外。

（5）报纸、期刊、广播电台、电视台等媒体刊登或者播放在公众集会上发表的讲话，但作者声明不许刊登、播放的除外。

（6）为学校课堂教学或者科学研究，翻译或者少量复制已经发表的作品，供教学或者科研人员使用，但不得出版发行。

（7）国家机关为执行公务在合理范围内使用已经发表的作品。

（8）图书馆、档案馆、纪念馆、博物馆、美术馆等为陈列或者保存版本的需要，复制本馆收藏的作品。

（9）免费表演已经发表的作品，该表演未向公众收取费用，也未向表演者支付报酬。

（10）对设置或者陈列在室外公共场所的艺术作品进行临摹、绘画、摄影、录像。

（11）将中国公民、法人或者其他组织已经发表的以汉语言文字创作的作品翻译成少数民族语言文字作品在国内出版发行。

（12）将已经发表的作品改成盲文出版。

此外，我国法律还规定了六种法定许可，即《著作权法》中规定的“报刊转载”“录音制品制作”“播放作品”“播放录音制品”“教科书编写”以及《信息网络传播权保护条例》中规定的“制作课件”。法定许可使用应针对已发表的作品，可以不经著作权人的许可，但应向著作权人支付使用费，并尊重著作权人的其他权利。

3. 赔偿数额的确定

侵犯著作权或者与著作权有关的权利的，侵权人应当按照权利人的实际损失给予赔偿；实际损失难以计算的，可以按照侵权人的违法所得给予赔偿。赔偿数额还应当包括权利人为制止侵权行为所支付的合理开支。

权利人的实际损失或者侵权人的违法所得不能确定的，由人民法院根据侵权行为的情节，判决给予50万元以下的赔偿。

（二）救济途径

1. 行政途径

著作权（侵权）纠纷可以由著作权行政管理部门调解或查处。

2. 司法途径（如表1－23所示）

表1－23 著作权纠纷的司法途径

<table>
<tr><th>诉讼方式</th><th>纠纷类型</th><th>地域管辖</th><th>级别管辖</th></tr>
<tr><td rowspan="3">民事诉讼</td><td>著作权侵权纠纷</td><td>侵权行为地、被告住所地的人民法院</td><td rowspan="3">原则上由中级人民法院管辖。各高级人民法院经最高人民法院批准，可以确定若干基层人民法院管辖一审著作权民事纠纷案件</td></tr>
<tr><td>著作权权属纠纷</td><td>主要由被告住所地人民法院管辖</td></tr>
<tr><td>著作权合同纠纷</td><td>①双方当事人可以在书面合同中协议约定选择被告住所地、合同履行地、合同签订地、原告住所地、标的物所在地等与争议有实际联系的地点的人民法院管辖（不得违反法院级别管辖和专属管辖）
②合同没有约定的，由被告住所地或合同履行地法院管辖</td></tr>
<tr><td>刑事诉讼</td><td>著作权侵权纠纷</td><td>由犯罪地的人民法院管辖。如果由被告人居住地的人民法院审判更为适宜的，可以由被告人居住地的人民法院管辖</td><td>基层人民法院</td></tr>
</table>

北京知识产权法院一审管辖、北京市基层法院的知识产权民事案件管辖参见“第四节、一、（二）2. 司法途径”的相关内容。

3. 仲裁

《著作权法》第五十五条规定，著作权纠纷可以调解，也可以根据当事人达成的书面仲裁协议或者著作权合同中的仲裁条款，向仲裁机构申请仲裁。

4. 调解

著作权行政管理部门可以根据当事人的请求，对著作权纠纷进行调解，当事人双方也可以自行和解。

四、商业秘密

（一）商业秘密纠纷的类型与法律责任

1. 纠纷类型与法律责任（如表 1－24 所示）

表 1－24 商业秘密纠纷类型与法律责任

纠纷类型	表现形式	法律责任
商业秘密侵权纠纷	以盗窃、贿赂、欺诈、胁迫、电子侵入或者其他不正当手段获取权利人的商业秘密	①民事责任：停止侵害、赔偿损失、恢复名誉、消除影响、赔礼道歉等。 ②行政责任：经营者以及其他自然人、法人和非法人组织侵犯商业秘密的，由监督检查部门责令停止违法行为，没收违法所得，处 10 万元以上 100 万元以下的罚款；情节严重的，处 50 万元以上 500 万元以下的罚款。
	披露、使用或者允许他人使用以前项手段获取的权利人的商业秘密	
	违反保密义务或者违反权利人有关保守商业秘密的要求，披露、使用或者允许他人使用其所掌握的商业秘密	
	教唆、引诱、帮助他人违反保密义务或者违反权利人有关保守商业秘密的要求，获取、披露、使用或者允许他人使用权利人的商业秘密	

续表

纠纷类型	表现形式	法律责任
商业秘密侵权纠纷	经营者以外的其他自然人、法人和非法人组织实施以上所列违法行为的，视为侵犯商业秘密	③刑事责任：侵犯商业秘密行为情节严重的，可能构成犯罪，需要承担刑事责任。根据《刑法》和《行政法》的原则，如果侵犯商业秘密的行为构成犯罪的，行为人承担刑事责任后，就不需要承担行政责任，但仍需要承担民事责任
	第三人明知或者应知商业秘密权利人的员工、前员工或者其他单位、个人实施《反不正当竞争法》第九条第一款所列违法行为，仍获取、披露、使用或者允许他人使用该商业秘密的，视为侵犯商业秘密	
商业秘密合同纠纷	①技术秘密转让合同纠纷； ②技术秘密许可使用合同纠纷； ③经营秘密转让合同纠纷； ④经营秘密许可使用合同纠纷	民事责任：违约责任和侵权责任竞合，当事人可以自由选择

2. 不构成侵犯商业秘密的行为

（1）通过自行开发研制或者反向工程等方式获得的商业秘密。

（2）善意获取商业秘密的行为。

（二）救济途径

1. 行政途径

权利人可向县级以上监督检查部门提出查处侵权行为的请求。

2. 司法途径

（1）诉讼方式及法院管辖（如表 1-25 所示）。

表 1-25　商业秘密纠纷的司法救济途径

<table>
<tr><th rowspan="2">诉讼方式</th><th rowspan="2">纠纷类型</th><th colspan="2">法院管辖</th></tr>
<tr><th>地域管辖</th><th>级别管辖</th></tr>
<tr><td rowspan="2">民事诉讼</td><td>商业秘密侵权纠纷</td><td>侵权行为地或被告住所地的人民法院</td><td rowspan="2">由中级人民法院管辖。各高级人民法院经最高人民法院批准，可以确定若干基层人民法院受理，已经批准可以审理知识产权民事案件的基层人民法院，可以继续受理</td></tr>
<tr><td>商业秘密合同纠纷</td><td>由被告住所地或者合同履行地人民法院管辖；
双方当事人可以在书面合同中协议约定选择被告住所地、合同履行地、合同签订地、原告住所地、标的物所在地等与争议有实际联系的地点的人民法院管辖（不得违反法院级别管辖和专属管辖）</td></tr>
<tr><td>刑事诉讼</td><td>商业秘密侵权纠纷</td><td>由犯罪地的人民法院管辖。如果由被告人居住地的人民法院审判更为适宜的，可以由被告人居住地的人民法院管辖</td><td>基层人民法院</td></tr>
</table>

北京知识产权法院一审管辖、北京市基层法院的知识产权民事案件管辖参见“第四节、一、（二）2. 司法途径”的相关内容。

（2）举证责任。

他人侵犯权利人商业秘密的，权利人应当对以下内容负有举证责任：①该信息具有保密性，即权利人采取了保密措施；②商业秘密被侵犯，侵权人有渠道、机会获得秘密，且其使用的信息与该商业秘密实质上相同；③秘密已经被侵权人披露、使用或有风险被使用或披露。

客户基于对职工个人的信赖而与职工所在单位进行市场交易，该职工离职后，能够证明客户自愿选择与该职工个人或者其新单位进行市场交易的，应当认定没有采用不正当手段，但该职工与原单位另有约定的除外。

3. 仲裁方式

（1）向仲裁机构申请仲裁解决。如果此前企业与侵权人之间签订了商业秘密保护合同，并且双方自愿达成仲裁协议的，可依据《仲裁法》向双方仲裁协议中约定的仲裁机构申请仲裁。

（2）向当地劳动争议仲裁委员会申请劳动仲裁。企业与职工（包括离职的）之间因商业秘密引起的纠纷或签订劳动合同的职工，期限未满，擅自跳槽，带走企业商业秘密，侵犯企业利益的，企业可依据《劳动争议调解仲裁法》向当地劳动争议仲裁委员会申请劳动仲裁。劳动仲裁是必经程序。

4. 调解与和解

监督检查部门可以根据当事人的请求，对商业秘密纠纷进行调解，当事人双方也可自行和解。

第五节　文化科技融合产业知识产权的管理

世界未来的竞争是知识产权的竞争。在当前“大众创业、万众创新”大势之下，重视企业知识产权管理，增强企业知识产权实力，是促进企业竞争与发展的必要手段。推进科技创新与知识产权战略保护，能够使企业创造活力进一步增强，创新成果得到尊重和保护，创新投入得到回报；能够促进企业持续、健康发展，实现发展方式由投资驱动向创新驱动的根本转变，不断提升企业的核心竞争力。

由于文化科技融合产业的创新性和多样化，该行业知识产权人才相对匮乏，人员流动性较高，设计创意的保密难度较大，使得文化科技融合产业在知识产权保护方面存在研发创新不积极、权利保护意识不强、保护手段单一、知识产权纠纷多发以及对设计成果管理不力等诸多问题，迫切需要加强文化科技融合产业知识产权的管理。

文化科技融合产业知识产权的管理包括构建知识产权管理体系，资源管理，基础管理，实施和运行，审核和改进。

一、构建管理体系

（一）建设管理队伍

随着知识产权纠纷愈演愈烈，知识产权对企业的健康发展越来越重要，它既是保护企业自身发展的护盾，也是企业在市场竞争中的利器。麻雀虽小五脏俱全，再小的企业也要配备专业的知识产权管理队伍，配置专业管理人员对知识产权进行系统性、综合性的管理，从而发挥知识产权的作用，提高企业知识产权创造、运用、管理和保护能力。

目前，根据企业的规模，知识产权管理部门的设置存在以下几种情况：

（1）不设置知识产权管理部门，知识产权管理人员隶属于其他管理部门，如行政管理部、总裁/总经理办公室、技术管理部或者法律事务部等。

如果文化科技融合产业企业研发规模较小、知识产权管理事务相对比较简单，那么，可以对外聘请一名或者多名知识产权管理顾问，协助企业管理各种知识产权事务。

（2）设置综合知识产权管理部门，集中管理整个企业/公司的知识产权事务。例如，组建知识产权办公室或者知识产权部等。

知识产权管理部门按照统一的知识产权政策进行运作，最大限度地保护企业的整体利益，保障企业在研发、设计、生产、展览、推广、销售的活动中能够工作顺畅。知识产权的所有事宜全部由知识产权管理部门统筹负责。企业/公司总部与子企业/公司签有“知识产权权属及管理协议”，企业/公司总部将研究开发费用预付子企业/公司，而子企业/公司创造的知识产权由该知识产权管理部门统筹管理。

（3）设置知识产权管理总部和分部，总部统一负责企业知识产权事务的管理，在企业的各个业务部门，例如分公司、办事处、事业部等设置专门的知识产权管理分部，协助管理各个业务部门的知识产权。

知识产权管理总部对各分部充分授权，各分部根据知识产权特性决定知识产权的预算和知识产权的申请量，而在取得相关知识产权的权利后，关于如何运用知识产权、处理纠纷、对外谈判、提出异议等事务则是由知识产权管理总部统一负责。

（4）设置综合的知识产权管理队伍，由企业设置的知识产权管理部门和企业的各个业务部门人员组成，如分公司、办事处、事业部等设置的专职或者兼职人员，协助知识产权管理部门进行管理。

知识产权管理部门的设置，须与企业所属产业的特点及规模相协调。若为大型多元化文化科技融合产业企业，宜采用第（3）种管理模式；中型文化科技融合产业企业宜采用第（4）种管理模式；小型高新技术企业根据其产业规模的特点，宜采用第（1）种或第（2）种管理模式。

（二）建设管理制度

知识产权管理制度是企业制度的重要组成部分之一，是做好企业知识产权工作的保障。坚持科学发展观，以企业制定的知识产权战略为核心，以企业知识产权管理部门为依托，以设计研发部门、产品实施（包括采购、生产、推广、销售）部门、法律部门等为支撑，建立和完善知识产权管理制度。

知识产权管理制度涉及范围十分广泛，主要集中在产权的归属、奖励机制、知识产权的运用、知识产权纠纷的处理以及知识产权教育等方面。

知识产权的归属主要是明确职务发明与非职务发明，以及确定文化科技融合产业企业在委托设计、展览布置、代工生产等活动中所产生的知识产权的所有权。

奖励机制用于体现企业对员工从事技术创新活动的提倡和激励，可以设置一定数额的现金奖励或者职位奖励，同时与员工的绩效考核挂钩。

知识产权的教育和培训能够减少管理上的沟通误解，提高工作上的配合程度。一方面，知识产权教育和培训是全员性的，知识产权是每个员工必须掌握的基本知识；另一方面，需要对不同层次的员工分等级进行培训，例如，针对高层员工、开发人员以及新员工应组织不同的培训等。知识产权的教育和培训应当成为企业例行的、周期性的工作。

文化科技融合产业企业要制定各类知识产权管理制度，如知识产权管理办法、专利管理制度、商标管理制度、著作权管理制度、商业秘密管理制度、知识产权奖惩制度、知识产权申请办法、知识产权信息发布办法、保密协议、竞业禁止协议、知识产权培训办法等，分别对管理模式、工作流程、侵权监控、权利保护、绩效考核、教育和培训等加以规范化。

（三）明确管理职责

知识产权管理部门根据文化科技融合产业企业规模可选择性地具备以下管理职责：

（1）知识产权战略规划，包括制定知识产权保护策略、制订知识产权工作计划以及监督、跟踪知识产权保护策略与工作计划实施情况等。

（2）专利保护与管理，包括专利挖掘与培育、专利申请、专利权维护以及专利管理制度的建立与实施等。

（3）著作权登记管理。

（4）品牌保护与管理，包括商标设计监管、商标申请注册、商标使用策略与监管以及商标权维护等。

（5）商业秘密保护与管理，包括制定商业秘密保护制度、建立商业秘密保护措施以及开展商业秘密日常保护等。

（6）知识产权法律事务，包括侵权调查与纠纷处理、业务合同的知识产权评审以及技术合作中的知识产权纠纷解决等。

（7）知识产权贸易管理，包括知识产权贸易谈判、知识产权资产评估与管理以及开展许可与转让、作股投资等知识产权贸易业务。

二、资源管理

（一）人力资源

人力资源是文化科技融合产业企业知识产权管理活动最重要的核心资源，只有科学合理地配置人力资源，才能有效保障企业知识产权管理活动正常开展。

1. 人才配置

人才是企业永恒的核心竞争力，企业要充分认识到人才的重要性，知识产权人才是一种复合型人才，由于知识产权管理的特殊性，对管理人员的任职资格进行明确规定是完全有必要的。知识产权管理包括企业管理，因此，知识产权管理人员除了具备管理能力，还应当具备与企业产品、技术相同或者相近的技术背景，同时，要具备知识产权法律专业知识。企业根据实际工作的内容配备和培养知识产权人才，可以有效保护自身的知识产权，也可以避免各种法律纠纷，实现人才培养和企业增值的双收益。

文化科技融合产业作为生产性服务业的子行业，具有产品导向强、产业链长、产业关联大的特点。在产品层面，设计服务投入感性创意和理性智慧，实现产品从低端向中高端的跃升，更加适应需求端的变化要求；在产业链层面，设计服务根据需求信息传导，将上游创意创新、中游制作加工、下游流通销售等环节协调贯通；在产业跨界层面，文化科技融合产业不仅能与传统的第一、第二、第三产业纵向融合，还能与生活性服务业和其他生产性服务业纵向融合，体现“设计”模式，实现融合创新、整合集成。因此，对于该行业的知识产权管理人才要求更高。

但是，目前我国文化科技融合产业企业在知识产权意识、知识产权管理机构和管理制度等方面存在严重不足，绝大多数文化科技融合产业企业的相关人员基本上没有接受过系统的知识产权教育或培训。知识产权教育、培训没有跟上，导致管理人员和技术人员的知识产权法律知识水平还停留在刚刚启蒙的状态，尤其是对专利、商标以外的保护手段缺乏认识。绝大部分管理人员对知识产权的基本概念例如定义、内涵、体系等没有一个基本的认识，甚至有些人员不知道商业秘密、地理标记也是知识产权保护的重要内容。因此，企业知识产权管理人员的能力和水平尚不能适应知识产权成为企业核心竞争力的需要。因此，需要引进或培训企业内部熟悉知识产权工作和知识产权法律知识的人才来强化该行业的知识产权管理队伍。即对企业的技术、法律人员定期进行跨学科轮训，或派员去知识产权代理机构、律师事务所、高校学习，积极创造条件，鼓励员工参加国家各类相关资格考试，以此培养企业自己的具有理工科背景、技术与法律相结合的复合型知识产权人才。

每一名员工进入企业时，都必须接受知识产权方面的培训，包括知识产权法律制度，文件管理及保密规定，知识产权发明、申请、应用、维权程序和途径等。员工经过教育培训，逐步形成自觉遵守法律制度和保护企业知识产权的强烈意识。

2. 人事合同

文化科技融合产业企业通过劳动合同、劳务合同等方式对员工进行管理，约定知识产权权属、保密条款；明确职务发明创造完成人享有的权利和负有的义务；必要时，还应约定竞业禁止和补偿条款。

人事合同中明确约定因职务行为而产生的知识产权权属应当归企业所有。根据员工职能划分，人事合同还可包括保密条款和竞业禁止条款，明确员工的保密义务、竞业禁止义务、保密期限、竞业禁止期限、竞业禁止地域范围、竞业禁止补偿金等内容。

另外，对重大科研项目或对企业经济利益有重大影响的项目，应与相关人员另行签订单项保密合同，约定具体事项。

3. 人员入职

对新入职员工进行适当的知识产权背景调查，并与其进行充分沟通，以避免侵犯他人知识产权。企业与员工签订的劳动合同、上岗合同中应明确员工的知识产权责任、权利和义务。对于设计、研究开发、产品线等与知识产权关系密切的岗位，应要求新入职员工签署知识产权声明文件，明确其知识产权责任。

4. 人员离职

为防止企业员工流动后，造成或加剧同业竞争，在员工离职或退休时，应进行离职、退休员工的知识产权恳谈，提醒其注意相应的知识产权事项；对于涉及核心知识产权的员工离职或退休时，应要求其交回属于企业的全部资料、实验数据、仪器设备、样品，并签署离职知识产权协议，进一步明确知识产权的权属和保密要求，明确其未经企业同意不得泄露所掌握的商业秘密，载明有竞业禁止条款，并以书面形式确认其承担的竞业禁止义务。

5. 奖励机制

企业建立奖励机制，制定知识产权奖励制度，激励员工发明创造的积极性。奖励分为物质奖励和精神奖励。精神奖励一般包括设立创新成果奖、技术改造奖、技术发明奖、合理化建议奖、知识产权优秀管理奖、知识产权先进工作者等奖项。相关的物质奖励标准应不低于国家相关法律规定的标准，明确员工知识产权创造、保护和运用的奖励和报酬。奖励应如实记录，并归档备查。

虽然《专利法》及其实施细则规定了职务发明的奖励制度，但是这也仅仅建立在申请专利、获得授权的基础之上，并且仅仅是法律法规的规定，并不能等同于企业的奖励制度。因此，为激励企业员工，有必要制定一套技术创新制度，而这项制度中的奖励范围除包括专利外，还应包括技术秘密、未作为技术秘密和专利保护的技术创新以及技术开发失败等情况。对于技术开发失败，企业应当理性地判定，任何技术在创新过程中都有可能失败，而一旦技术失败，不仅前期的投入无直接的回报，甚至可能造成其他损失，当然，即便是技术开发失败了，企业也可知晓哪些方案是不成功的，从某种程度上讲也是一种成功，只不过这种成功不是企业最想要的而已。我们应当正确地评价技术开发失败，只要员工尽到了谨慎处理的职责，即便是失败了，也不应给予他们处罚，如果技术开发失败对后续创新有较大帮助作用还应给予一定的奖励，只有这样员工才敢于去创新。

（二）基础设施

为了保证文化科技融合产业企业知识产权工作的顺利进行，企业需要配套相关的基础设施资源，主要为：（1）知识产权管理软件、数据库，计算机、网络设备、保密设备等；（2）办公场地及办公桌椅等设施。

（三）财务资源

为知识产权管理活动的开展提供有效的经费支撑，财务部门应设立知识产权工作专项经费（不低于研发经费投入的5%），主要用于：申请费用、维护费用、培训费用、贯标费用、维权费用、奖励费用（对知识产权创作者的奖励和对知识产权管理者的奖励）。根据实际需要，财务部门还需作出如下经费预算：保障用于战略制定、专利数据库建设、专利预警分析、重大知识产权并购、海外专利布局等专项费用。根据风险分析，有些企业的财务部门还需要设立知识产权风险准备金，应对知识产权突发情况。

企业建立知识产权工作经费监督管理和评估机制，加强经费使用监督和管理，确保各类知识产权费用的规范使用；评估机制对年度经费使用实施绩效评估，为下一年度经费预算、经费使用调整、完善经费使用管理提供依据。尤其要规范对政府财政性知识产权专项资金的管理，必要时应提供专项审计报告。

所有的经费支出均应形成知识产权财务台账。

（四）信息资源

对知识产权信息资源的管理是企业有效实施知识产权管理的前提和基础，企业只有充分掌握生产经营活动所需的内外部知识产权信息，才能有效实施知识产权管理决策。信息资源的管理主要是对企业内外知识产权信息的收集、整理、分析、保密和利用。

知识产权管理部门建立信息收集渠道，及时获取所属领域、竞争对手的知识产权信息。其中，知识产权信息一般分为内部信息和外部信息。

内部信息：专利、商标、著作权、商业秘密等各类知识产权信息；

外部信息：有关知识产权的法律、法规、规章和政策措施，国内外专利文献信息、同类产品的商标注册信息、相应图书杂志等技术资料以及重要竞争对手的专利技术、品牌信息等资料。

根据企业的产品、行业现状等情况识别知识产权信息的需求；将知识产权信息转换为对企业有用的知识，并为企业全体员工服务；对信息进行分类筛选和分析加工，并加以有效利用，利用数据、信息确定并实现企业的知识产权目标；确保企业知识产权的安全性和保密性；评估知识产权信息运用所产生的收益，以促进与加强知识产权信息的管理；在对外信息发布之前，如发表论文或参展等，对所涉及的知识产权进行相应评估；建立并有效维护和及时更新企业知识产权信息数据库。

三、基础管理

（一）获取

知识产权的获取包括自主创新获得的知识产权、合作开发取得的知识产权和通过许可证贸易以许可、受让等方式取得的知识产权。

（1）对于自主创新获得的知识产权：文化科技融合产业企业根据企业知识产权目标，制定企业知识产权管理规划和战略，明确所需要的知识产权的种类（如专利、商标、著作权等）及创造和取得的方式和途径。

在获取知识产权前进行必要的检索：研发项目立项前进行检索，研发（生产、改进、测试）过程中进行跟踪检索，产品产出后进行最终检索，并及时办理相应的知识产权取得手续，确保知识产权的合法性和有效性。例如制定的专利检索节点包括立项前的专利检索、研发过程中的专利跟踪检索、申请前的专利检索、产品上市前的专利检索、竞争对手的专利检索、风险专利法律状态的跟踪检索等。

每个企业在生产经营过程中，都会有自己的技术创新，有些创新是无意中发现的，有些创新是经过多次试验花费当量人力、物力得到的。必须对技术创新进行筛选、挖掘，才能提炼出适合运用知识产权制度保护的标的，进而申请知识产权保护。例如专利挖掘工作，鉴于研发人员往往是技术人才，对专利制度不熟悉，对专利只有概念认识，不清楚如何挖掘技术创新中的劳动成果，知识产权管理部门可以对技术人员进行知识产权专业培训，加深他们对专利的认识，提高他们在技术研发过程中挖掘专利的能力，或者企业委托知识产权代理机构定期挖掘研发项目中的可申报专利技术，避免技术成果成为公共领域的技术，为别人作嫁衣。

企业要建立自主研发管理流程，建立项目立项、审批制度，产出成果的知识产权申请审批制度，研发活动记录制度等制度规范。研发活动应形成完整的文件和记录，形成技术创新档案，使知识产权创造过程具有可追溯性。建立起完整的档案保存制度后，还应建立完善的档案借阅制度，这不仅是对知识产权的尊重，更有利于商业秘密的保护。应制定明确的借阅权限、借阅流程、归还期限以及借阅记录制度。

同时，保障发明创造员工的署名权，确保第一发明人（设计人）能在知识产权成果的署名上位列第一位，其他参与人员排在其后面。

（2）对于企业联合开发、委托开发、合作开发取得的知识产权：一要在合同中约定知识产权归属；二要在开发前开展科技文献或专利文献检索，确保开发成果的知识产权合法性和有效性。

（3）对于通过许可受让等方式继受获得的知识产权：应签订许可受让合同，对被许可或受让的知识产权成果的后续开发形成的知识产权权利归属作出明确约定，合同签订前应根据需要进行查新检索。

（二）维护

文化科技融合产业企业在获取知识产权后，针对已有知识产权进行的管理活动，主要包括知识产权的维护、变更、放弃、评估等方面的管理。

建立分类分级管理制度，知识产权管理部门对拥有的知识产权按类型建立分类管理台账，对于价值较大的核心知识产权要重点标示监控，必要时进行分级管理。

建立各节点的评估程序，定由知识产权管理部门对拥有的知识产权进行价值评价，以便对放弃或维持该知识产权作出决策。

建立合理的知识产权维护流程，监控知识产权是否到期，及时缴纳知识产权维持过程中的费用，例如缴纳专利年费、商标续展费，保证知识产权持续有效，防止知识产权因未缴费而失效。

在知识产权权属变更或放弃时，应前往国家知识产权行政管理部门登记或备案。

（三）运用

知识产权运用指文化科技融合产业企业利用知识产权制度，将其获得的知识产权应用于生产经营过程和市场交易活动中，以获取经济利益和其他利益的行为。具体包括：

（1）实施、许可和转让，针对企业作为让与方和受让方分别设定调查内容，可以根据知识产权评估原则对知识产权进行评估。涉及知识产权进出口贸易或涉外许可的，还应依法办理相应的审批手续。

（2）投资融资，在投资融资活动前，应当确认知识产权资产状况，尽到尽职调查义务，同时进行价值评估。在境外投资融资时，应委托涉外专利代理机构或律所对投资目的地的知识产权法律法规、政策及执行情况进行调查及风险分析，作为投资管理决策层的参考内容。

（3）合并与并购，通过企业合并或并购等方式取得知识产权的，应当要求对方提供知识产权资产清单，确认其知识产权资产状况，尽到尽职调查义务。并且在合并或并购合同中明确知识产权归属，根据情况变更权属，并跟进后续的权利维持工作。

（4）标准化，企业参与其他标准化组织的，需要了解标准化组织涉及的知识产权政策，在将包含专利和专利申请的技术方案向标准化组织提案时，按照知识产权政策的要求披露并做出许可承诺。

（5）联盟及相关组织，企业在参与知识产权联盟或其他相关组织时，应了解其知识产权政策，评估参与利弊；组建知识产权联盟时，以知识产权为基础，与联盟企业共同推动技术标准，增加企业的行业话语权，将自有知识产权作为交易筹码与联盟内企业交叉许可，构建专利池，开展专利合作。

（四）保护

知识产权保护包括两个方面的含义：

（1）采取有效手段保护自己的知识产权权利，使自己拥有的知识产权不受他人侵害。

（2）尊重他人知识产权，避免侵害他人知识产权，文化科技融合产业企业应将知识产权纳入企业风险管理体系，制定知识产权侵权风险分析和预警机制及知识产权争议解决机制，对知识产权风险进行识别和评测，并采取相应风险控制措施。具体为，采取措施，避免或降低办公、生产等设备及软件侵犯他人知识产权的风险；定期监控产品可能涉及他人知识产权的状况，分析可能发生的纠纷及其对企业的损害程度，提出防范预案。

例如，文化科技融合产业企业在进出口贸易中的知识产权保护。产品出口，知识产权先行。一方面，提前在出口国申请专利、注册商标、确立自己的技术优势和品牌地位；另一方面，充分了解出口国家的知识产权法律制度，检索相关专利和商标，防止因侵犯他人知识产权而引起纠纷并造成损失。

强化与外商合作中的知识产权保护意识。一方面，在与外商签订出口代理合同时，要明确专利或商标所有权问题，不让代理商有恶意抢先申请专利或注册商标之机；另一方面，在接受外商定牌加工生产委托时，应要求外商提供其是产品相关专利及商标的权利人或合法使用人的证明文件，并在合同中明确约定对相关知识产权应负的法律责任，防止卷入知识产权纠纷之中。

善于利用知识产权海关保护措施。一方面，加强自主知识产权的海关备案；另一方面，在从事定牌加工生产前主动查询相关产品的知识产权是否已经在海关做过备案。

（五）合同管理

文化科技融合产业企业应制定企业知识产权合同管理的相关制度规定。

对经营中签署的涉及知识产权内容的对内、对外合同进行规范的管理，明确知识产权权属、权利、义务条款，在合同签订前进行评审，并对合同变更进行跟踪评审，避免因知识产权问题遭受损失。

1. 对内合同

（1）劳动合同，签订劳动合同时应包含涉及或可能涉及的企业商业秘密及知识产权信息等保密条款。

（2）保密合同，对重大科研项目或对企业经济利益有重大影响的项目，应与相关人员另行签订单项保密合同，约定具体事项。

（3）离职合同，对退休、退职、调出人员在办理手续前，应令其交回属于企业的全部资料、实验数据、仪器设备、样品，并签订保密协议，载明有竞业禁止条款，企业再次以书面形式确认其承担的竞业禁止义务。合同中设立竞业限制条款，但竞业禁止合同或条款的设立不得违反国家有关竞业禁止的规定，并应给予员工相应的竞业禁止补贴。

2. 对外合同

文化科技融合产业企业签订对外合同或合同变更之前，应对合同中有关知识产权条款进行法律审查，根据合同的内容和性质，明确相应的知识产权权属和双方权利、义务条款，并形成记录。

对于重大事项（如重大技术、设备引进、重大产品投资等），在合同签订前，应组织开展知识产权审查论证，避免因知识产权问题遭受重大损失。

对于国家有关行政主管部门有格式合同示范文本的（如专利权转让、许可合同等），应当尽量采用合同范本。

对国家法律和行政法规规定需要办理相关审批手续后才能生效的合同（如专利权、商标权转让合同），还应在合同签订后及时办理相应手续。

知识产权委托外包业务应签订书面合同，对权属、保密等进行约定，包括检索与分析、预警、申请、申诉、侵权调查与鉴定、管理咨询等。

在进行委托研发或合作研发时，应签订书面合同，约定知识产权权属、许可及利益分配以及后续改进技术成果转化后的知识产权权属和使用方式等内容。

（六）保密

文化科技融合产业企业应对经营中涉及的商业秘密进行规范管理，明确知识产权权属以及相关权利、义务条款，在确认秘密前进行评审及确认保密等级、保密期限和涉密人员；在确认秘密后进行跟踪检查，以避免泄密事件，对保密期限到期的商业秘密应进行重新评审，确定是否解密或继续开展保密管理。

关于商业秘密的管理，主要包括：

（1）人员管理：明确接触企业知识产权相关秘密的人员，设定不同保密等级和接触权限。

（2）设备管理：对容易造成企业知识产权秘密流失的设备，应建立管理制度或流程，规定其使用目的、人员、方式与资料的流通。

（3）保密文件管理：对足以影响企业知识产权相关权益的文

件，应根据企业保密管理规定等制度或流程设定相对应的文件保密等级、期限和传递、保存及销毁的处理流程。

（4）环境设施管理：明确涉密区域、制定管理措施，规定客户及参访人员活动范围等。

另外，对泄露企业秘密事件和涉密人员的应急管理。如果出现泄密事件，一定要及时保存相关证据，必要时应聘请公证人员对证据进行公证，注重收集相关材料及证人证言等，尽快聘请律师制定行之有效的解决方案，争取使企业损失降至最低。

企业要制定相关涉密制度。

企业对内：（1）建立保密规章制度，严格限制涉密知悉范围；（2）与员工签订协议，培养保密意识：要让涉密人员熟知所涉及的商业秘密的范围、性质，并对具体内容作详尽规定，必要时应该形成书面文字，在员工已知悉涉密信息并对其进行保密培训后签署知悉文件，作为日后产生泄密纠纷时诉讼的有力证据。一般来说，离职人员是泄密的主要因素。因此，在员工办理离职手续时，应签署离职知识产权协议，进一步明确知识产权的权属和保密的要求，明确离职员工未经企业同意不得泄露所掌握的商业秘密，载明有竞业禁止条款，并以书面形式确认其承担的竞业禁止义务。

企业对外：（1）企业与他人谈判合作事宜时，如果涉及有关商业秘密，无论将来是否合作，都应该要求谈判各方对于涉密信息进行保密；（2）企业与他人订立合同时，应在合同中明确约定对方应对何种秘密负有保密义务、保密期限、违约责任等，以免将来出现问题时没有证据。

四、实施和运行

（一）立项

文化科技融合产业包含种类广，既有投入大、风险大、周期长的行业，也有投入小、风险小、周期短的行业。无论是哪一种设计行业，其在项目立项前都要进行知识产权的检索调查，以避免进入市场造成知识产权纠纷，影响企业的发展。立项前首先分析该项目所涉及的知识产权信息，对于文化科技融合产业，知识产权信息较多地体现在外观设计专利、商标注册及著作权保护方面，因此对于涉及项目的知识产权信息，包括各关键技术的专利数量、相同或相近似的商标注册数量、著作权的数量、地域分布和权利人信息等进行检索和分析；其次，通过将知识产权分析与市场调研相结合，明确该产品潜在的合作伙伴和竞争对手；最后，编制立项报告（如开题报告、项目申报书、项目申请书），开展知识产权风险评估，并将评估结果、防范预案作为项目立项与整体预算的依据。

（二）研发

在研发过程中，需要对企业的知识产权信息、相关文献及其他公开信息进行检索，对项目的技术发展状况、知识产权状况和竞争对手状况等进行检索分析。在检索分析的基础上，制定知识产权规划，跟踪与监控研发活动中的知识产权，适时调整研发的策略和内容，合理利用他人知识产权和现有技术，规避侵权风险。在研发过程中，研究人员应及时报告研发成果及研发过程中的各种创意，及时对研发成果和创意进行评估和确认，明确保护方式，适时形成知识产权，及时办理相关知识产权的获取手续。

文化科技融合产业企业应加强研发过程中的知识产权管理，对在研发过程中提供的设计构思可能形成的产品及文化创意，均应评审确定其是否需要进行知识产权保护。同时，要保存研发活动中形成的记录，并实施有效的管理。这些记录直接影响到技术创新的归属、侵权抗辩等，所作记录应做成完整的档案，也可以提高后续研发的工作效力，不再做重复的工作。

（三）采购

企业应对原材料、设备等采购活动加强知识产权管理，主要涉及知识产权侵权风险防范和商业秘密保护两个方面。文化科技融合产业企业在采购涉及知识产权的产品过程中，应收集相关知识产权信息，必要时应要求产品提供方提供知识产权权属证明，并按规定进行知识产权的标识确认；另外，还要做好供方信息、进货渠道、进价策略等信息资料的管理和保密工作，防止商业秘密泄露。

在采购合同中应明确知识产权权属、许可使用范围、侵权责任承担等；采购活动的知识产权管理应由知识产权管理部门与采购部门配合实施。

（四）生产

生产过程的知识产权应进行有效管理，对涉及知识产权的内容应提交企业知识产权管理部门组织评估，采取保护措施。管理内容包括生产过程中形成的产品与工艺方法等技术改进与创新、合理化建议、阶段性发明创造等成果。应及时评估、确认生产过程中涉及产品与工艺方法的技术改进与创新，明确保护方式，适时形成知识产权。

在委托加工、来料加工、贴牌生产等对外协作的过程中，应在生产合同中明确知识产权权属、许可使用范围、侵权责任承担等，必要时，应要求供方提供知识产权许可证明。

保存生产过程中形成的记录，并实施有效的管理。在生产过程中形成的不宜对外公开的文件记录，应按知识产权保密的规定采取相应的保密措施。

（五）销售

在产品销售前，应事先对产品所涉及的知识产权状况进行全面审查和分析，对企业产品的知识产权建立保护机制。同时，也要防止企业销售侵犯他人知识产权的产品。

在产品宣传、销售、会展等商业活动前制订知识产权保护或风险规避方案，同时收集同类产品来源信息。一旦发现同类产品涉嫌侵犯企业知识产权，应进行重点信息收集，掌握对方侵权证据，积极采取维权措施，确保侵权行为能得到及时有效的制止和处理。

建立产品销售市场监控程序，采取保护措施，及时跟踪和调查相关知识产权被侵权情况，建立并持续开展相关记录。

产品升级或市场环境发生变化时，及时进行跟踪调查，调整知识产权保护和风险规避方案，适时形成新的知识产权；对于用户使用产品后反馈的改进方案，应组织研发人员及时确认，判断其可行性，并由知识产权管理部门评审该改进方案是否能够进行知识产权保护。知识产权管理部门应通过销售部门统计的产品销售周期确定对其知识产权保护的维持或放弃。

五、审核与改进

（一）审核

审核又被称为管理评估，管理评估的目的是评价企业知识产权管理体系的适宜性、充分性和有效性，分析和查找知识产权管理体系运行中存在的问题，研究制定改进措施，保障知识产权管理体系的有效运行和持续提升。

审核包括过程检查和内部评价。企业知识产权管理制度运行后，需要定期检查实施情况与制度流程是否相符，检查运行过程是否形成记录，针对不相符的状况或存在的问题进行分析，并提出改进方案。

（二）改进

改进是文化科技融合产业企业知识产权管理中不可或缺的重要一环，是形成知识产权管理可持续发展的关键。知识产权管理部门对审核过程中发现的问题，应及时落实责任部门，由责任部门对问题进行原因分析，与知识产权管理部门配合制定和落实改进措施，并实施改进措施。知识产权管理部门对改进措施进行动态监测和论证，以促进企业知识产权管理体系的持续改进。

第二章　文化科技融合产业知识产权典型问题

第一节　文化科技融合产业创造环节的问题

企业在什么时候提出专利申请最为合适？

对于文化科技融合产业企业来说，提出专利申请的时机，原则上是越早越好，防止他人先申请导致自己的企业专利申请失败。

《专利法》第九条第二款规定，“两个以上的申请人分别就同样的发明创造申请专利的，专利权授予最先申请的人”。也就是说，中国同大多数国家一样，适用在先申请原则。基于上述原则，专利申请的时机是企业专利保护策略中非常重要的一项内容。

对于文化科技融合产业企业来说，产品设计开发是需要一个过程的，这个过程根据产品的特性不同，通常会持续几个月、几年甚至十几年。然而几个月的时间对企业的专利申请来说，已经是一段很长的时间，甚至提前申请一天的时间完全可以决定专利的归属。现实中，很多实力相近的文化科技融合产业企业在开发同类的产品时，同行研发进度上的时间差通常也就一两个月。如果研发进度快的 A 公司在完成产品设计开发时再提出申请，而研发进度稍慢的 B 公司在产品设计开发过程中选择合适的时机就提出专利申请，那么，其有可能先于 A 公司获得专利权。也就是说，上述合适的时机就是产品的初步设计完成时，这也是文化科技融合产业申请专利的最早时机。

另外，根据文化科技融合产业企业研发产品的特性来决定专利申请的时机是比较合理的，通常最迟应该在产品销售前提交专利申请。尤其是对于那些容易通过逆向工程分析得出的产品，一旦上市销售，就会很快成为现有技术，也很可能使后续申请的专利失去专利性。如果企业过早申请专利，当然也有例外，即使专利申请文件中没有公开关键的最优参数，也会被同行竞争对手发现研发方向，帮助竞争对手加快研发进度，最终容易被同行竞争对手反过来制约其发展。

实用新型专利的申请条件是什么？保护期限是多长时间？

依据《专利法》规定，实用新型是指对产品的形状、构造或者其结合所提出的适于实用的新的技术方案。实用新型应具备新颖性、实用性、创造性等条件。

新颖性是指在申请日以前没有同样的实用新型在国内外出版物上公开发表过、在国内公开使用过或者以其他方式为公众所知，也没有同样的实用新型由他人向国务院专利行政部门提出过申请并且记载在申请日以后公布的专利申请文件或者公告的专利文件中。

创造性是指同申请日以前已有的技术相比，该实用新型有实质性特点和进步。

实用性是指该实用新型能够制造或者使用，并且能够产生积极效果。

依据《专利法》规定，中国的实用新型专利权和外观设计专利权期限为10年，均自申请日起计算。

企业怎样更好地保护发明人利益？

《国家中长期人才发展规划纲要（2010—2020年）》明确提出，

要“制定职务技术成果条例，完善科技成果知识产权归属和利益分享机制，保护科技成果创造者的合法权益。明确职务发明人权益，提高主要发明人受益比例”。《专利法》和《著作权法》等法律法规也规定了职务发明的知识产权归单位，发明人享有署名权和获得奖励（报酬）的权利。

对于文化科技融合产业企业来说，其力求激发发明人的发明创造热情、潜力和活力，促进创新驱动企业发展战略。在《专利法》和《著作权法》等法律法规已经能够确保职务发明的知识产权归单位、企业利益得到保障的同时，也需要相应地保护发明人的利益。首先，企业可以制定相应的发明人职务发明相关权益保护制度，承认发明人的原始权利，保障发明人享有署名权，强化对发明人的保护；其次，企业制定相应的发明人职务发明相关奖励激励制度，明确奖酬的算法，提高操作性和可实施性；最后，充分落实和保障职务发明人的奖酬，全力推动和提升职务发明创造的数量、质量，加快实施转化，提高职务发明人的积极性和企业的市场竞争力。

文化类企业在设计文字组合商标时，如何做到既能体现商标的显著性，又能避免出现“有其他不良影响”的问题？

对于文化类企业，在设计文字组合商标时，要做到既能体现商标的显著性，又能避免出现“有其他不良影响”的问题，需要先了解商标的显著性，以及可能的“有其他不良影响”的问题。

显著性是指商标所具有的标示企业商品或服务出处并使之区别于其他企业之商品或服务的属性，是商标保护的“灵魂”和《商标法》正常运行的“枢纽”。显著性可划分为：

（1）构成商标的符号要素为自创无含义的单词或词组表现出的形态的，则属于强商标。商标的固有显著性不仅体现在其符号要素的内容上，还体现在符号要素的表现形式上。以文字商标为例，其固有显著性不仅体现在字词组合上，还体现在其表现形式上，即含有一定设计成分的字体或者组合形式，如特殊字体、手写体（含签名）等。一般而言，商标固有显著性越强，获得特殊保护的可能性越大。

（2）构成商标的符号要素为普通有含义的单词或词组的常见形态的，则属于弱商标。

（3）如果商标由不具备显著性的符号构成则不成其为商标，只是符号。

不良影响规定于《商标法》第十条第一款第（八）项，即“有害于社会主义道德风尚或者有其他不良影响的”标志，不得作为商标使用。该条中的“社会主义道德风尚”，是指我国人民共同生活及其行为的准则、规范以及在一定时期内社会上流行的良好风气和习惯；“其他不良影响”是指商标的文字、图形或者其他构成要素对我国政治、经济、文化、宗教、民族等社会公共利益和公共秩序产生消极的、负面的影响。

在适用和作相关认定时涉及以下事项：

（1）申请注册的商标不得使用法律所禁止使用的文字、图形。

（2）不良影响保护的是公共利益，适用的前提条件是对公众利益造成了损害。

（3）不良影响的判断可能因主体不同或者含义泛化而有所区别。如将宗教偶像“观音”或者民间信仰“妈祖”注册为商标，则可以判定为具有不良影响而驳回。但在不损害其他宗教活动场所利益的前提下，宗教团体和经其授权的宗教企业以专属于自己的宗教活动场所名称作为商标申请注册的，则通常不认定具有不良影响。

（4）由于各种历史原因，某些标志虽然与宗教或者民间信仰有关，但与宗教有关联的含义已经泛化，不会使公众将其与特定宗教或者民间信仰相联系的，一般不认定具有不良影响。

（5）存在一些与商标使用或管理无关的情形，即事实上不会扰乱市场竞争秩序或者商标管理秩序，却由于其他原因存在不良影响而驳回。如商标含有不规范汉字或系对成语的不规范使用，容易误导公众特别是未成年人认知的。如果允许其大量使用，久而久之将会改变人们对正确的汉字、成语的认知，显然不利于我国语言文化的普及和青少年的基础教育，会产生深远的“不良影响”。

对于组合商标注册，特别注意如下事项：

（1）容易被驳回，任何一个元素（比如中文或英文或图形）被驳回，就会导致这个组合商标全部被驳回。

（2）组合商标注册只能组合使用，不能拆分使用。

商标注册申请被驳回的情形有哪些?

商标注册申请被驳回的情形通常有如下几种：

（1）禁用标志。

根据《商标法》第十条规定，禁用标识不得作为商标使用。如同中华人民共和国的国家名称、国旗、国徽等相同或者近似的，以及同中央国家机关的名称、标志、所在地特定地点的名称或者标志性建筑物的名称、图形相同的；同“红十字”“红新月”的名称、标志相同或者近似的等。

（2）易产生不良影响。

根据《商标法》第十条规定，有害于社会主义道德风尚或者有其他不良影响的标志不得作为商标使用。商标因常被使用于商业活动中，接触的受众十分广泛，若商标格调低下，极易产生不良影响，损害社会风气。如“反－社会俱乐部”“神谷姬”等商标，容易带来不好的风气。

（3）含有通用名称或缺乏显著性。

根据《商标法》第十一条规定，含有通用名称或缺乏显著性不得作为商标注册。如行业的通用词、商品的质量、型号等。

（4）与在先商标近似或相同。

根据《商标法》第三十条规定，申请注册的商标，凡不符合本法有关规定或者同他人在同一种商品或者类似商品上已经注册的或者初步审定的商标相同或者近似的，由商标局驳回申请，不予公告。因此，若已经有人在先注册、申请商标了，那在后申请的商标就会被驳回。

（5）恶意抢注。

根据《商标法》第三十二条规定，申请商标注册不得损害他人现有的在先权利，也不得以不正当手段抢先注册他人已经使用并有一定影响的商标。近年来，一些投机者靠“打擦边球”“蹭热度”的方式抢注他人商标，谋取非法利益，这是商标局重点打击的违法行为。因此，涉嫌恶意抢注的商标基本会被商标局驳回。

企业如何应对商标注册申请被驳回的情形？

商标注册会被驳回，一般都是自己提交的材料有误或者不全造成的。

商标注册申请人应当自收到商标局对该商标申请的《商标驳回通知书》之日起，15 天内提出复审程序。

如果是商标被驳回，可以申请商标驳回复审的，需要按照注册商标驳回复审流程进行，具体的步骤如下：

（1）提出商标驳回资格：商标注册申请人（能证明其资质），但可签订委托书交由商标代理机构代办商标驳回复审的手续。

（2）备齐驳回复审申请书件：《驳回商标注册申请复审申请书》、《商标驳回通知书》原件及信封、商标图样、能证明申请人所申请的商标“突出使用”的所有相关材料和照片、合同等实物证据。

（3）提交以上书件至商评委，缴纳商标评审费 750 元。

（4）商评委审查后作出裁定。

著作权保护的对象是什么？如何判断作品具备独创性？

著作权保护的对象，也就是著作权的保护客体，具体是受《著作权法》保护的作品。其中，作品是指文学、艺术和科学领域内，具备独创性并能以某种有形形式复制的智力创作成果。

进行著作权登记的作品需要符合三个条件，一是具有某种精神意义，二是有具体表达载体，三是具备独创性。

受著作权法保护的作品，具有特征之一是具备独创性：

作品具备独创性，必须是作者创作的智力成果，而不是抄袭剽窃他人的作品。创作，是一种脑力劳动、智力活动，能直接产生文学艺术和科学作品。《著作权法》中作品的独创性和《专利法》中的创造性的要求有所不同。专利法中的创造性，要求必须具备新颖性，甚至要求必须是首创的。著作权法中作品的独创性，只要是自己创作的，是表现自己思想观念和感情的智力成果，该作品的水平即使低于已经出现的同类作品的水平，但只要自己创作的，就应认定具备独创性。

从如下几个方面可以判断作品具有独创性：

首先，判断独立创作和适当借鉴的程度。通常来说，在创作作品过程中，很难摒弃前人的创作，开天辟地地提出新观点和新思想。而借鉴他人创作成果，并在已有成绩之上吸收、消化、提升符合社会科技文化发展的趋势。换句话说，独创不是绝对的，在独创和抄袭之间没有绝对的界限，而程度是划分两者之间界限的标准。但是，对于“借用”程度的判断，实践中还须具体情况具体分析。

其次，区分思想和表达的界限。按照著作权法的传统理论以及各国的著作权法和实践，作品独创性要求仅限于作品的表达，而不及于作品的思想内容。区分思想和表达的界限，解决了作品独创性的外延问题。

再次，表达方式是否唯一。唯一表达即有限表达，又称为思想与表达的结合，是指对于思想只有有限的几种表达方式。“唯一表达”情况下，作者就思想的创作空间是相当狭窄的，创作很难具有独创性，并且其他人如果要表达同样的思想，也只能使用与作者相同或者基本相同的表达形式。

最后，素材是否为公有领域。著作权法覆盖的“著作权世界”分为作者与其他著作权人、受到保护的表达以及以“原始资料”为核心的公有领域。

企业进行软件著作权登记可以起到什么作用？

对于文化科技融合产业企业来说，软件著作权企业通过软件著作权登记，可以起到很好的宣传作用，在发生著作权争议时可以作为主张权利的有力武器，同时也是提起诉讼请求寻求司法保护的前提。

软件作为作品，其实从完成之时起就获得了著作权。但是软件的价值高，创新度高，软件著作权对企业本身起到最基本的作用，为了保护好软件著作权，减少抄袭等软件著作权纠纷，软件著作权登记还有以下作用：

（1）可以更好地向社会宣传自己的软件产品，可以清晰地展示此软件的著作权归属。

（2）在进行软件版权贸易时，将使软件价值倍增。

（3）在发生软件著作权争议时，如果不经登记，著作权人很难举证说明完成的时间以及著作权人。

（4）将在我国境内经营或者销售该软件产品合法化，并获得出版发行资质。

（5）可以享受软件销售的退税，减轻企业负担。

（6）在进行高新技术企业认定时可以作为自主研发拥有知识产权的证明材料，最重要的是，可以作为“双软企业”“高新企业”认证的证明材料，从而享受税收减免、资金奖励等优惠政策，包括了投融资、税收以及出口政策等，具体可以参见《国务院关于印发鼓励软件产业和集成电路产业发展若干政策的通知》（国发〔2000〕18号）。

（7）便于用来作为技术出资入股、申请科技成果。软件著作权是企业的无形资产之一，它与商标权、专利权一起构成企业的知识产权，是企业投资、入股、融资等的有效无形资产。如果用软件著作权作为技术出资入股，作价的比例是可以突破公司法20%的限制达到35%。甚至有的地方政府规定可以100%以软件技术作为出资入股。申请科技成果的企业在破产后，软件著作权也能够变为有形的收益。软件著作权作为企业的无形资产，不会随企业的破产而消失。企业在破产之后的无形资产的生命力和价值还是存在的，而且可以在转让和拍卖中获取资金收益。

（8）可以明确相关权属信息。企业将软件、各类系统、APP进行软件著作权登记可以明确软件作品的完成时间、权利关系，尤其是委托作品、职务作品等，进行软件著作权登记可以很好地明确作品的发表权、开发者身份权、使用权和获得报酬权等权利。

企业如何确定委托作品的著作权？

对于文化科技融合产业企业来说，确定合作作品、委托作品的著作权是很有必要的。毕竟不管是什么样的作品，著作权归属都是要确定的。著作权一旦确定，著作权人就应享有相应的权利。从权利归属方式看，作品可以分为个人作品、合作作品、法人作品、职务作品、委托作品。

以其中常见的委托作品为例。《著作权法》第十七条规定：受委托创作的作品，著作权的归属由委托人和受托人通过合同约定。合同未作明确约定或者没有订立合同的，著作权属于受托人。

（1）受托人和委托人可以自行约定著作权的归属。一方面是尊重作者也即受托人的意愿，另一方面是为了方便委托人有效地使用作品。但是，双方当事人可以自由约定其归属的仅限于著作财产权，而不包括著作人身权。著作人身权只能属于受托人。

（2）基于保护作者、鼓励创作的立法目的，在当事人没有特别约定的情况下，法律规定著作权属于受托人。这是因为受托人接受委托创作完成作品，是委托作品的作者。当然，受托人在享有著作权的同时也受到如下限制：

①受托人应当按照约定将委托作品提供给委托人使用。委托人有权在约定的范围内使用。如果没有约定使用范围，委托人可以在委托创作的特定目的范围内免费使用。现实中，有些艺术摄影企业为了垄断顾客日后的加印照片生意，借口对顾客的艺术照有著作权，拒绝履行上述义务，扣留照片的底片。对这种行为，顾客可以追究其违约责任。

②受托人行使著作权应当遵循诚实信用原则，不得妨碍委托人的正当使用。比如受托人接受委托设计商标标识后，不论委托人是否将该商标注册，都不得再以侵犯发表权为由阻止委托人在其商品、服务上使用该标识，也不得许可委托人的竞争对手使用该标识。

VR 作品属于《著作权法》中的哪类作品，如何保护？

VR 作品包括 VR 摄影、全景视频、全景图片，属于《著作权法》中的摄影类作品。

著作权法规定，著作权包括人身权和财产权。

其中，著作权人身权包括发表权、署名权、修改权、保护作品完整权等。其中，发表权是指决定作品是否公之于众的权利。发表的作品应当是尚未公开的作品原件或复制件，如果说作品已经出版或展览过，便不再有发表的问题。公之于众主要是指在公众场合，向不特定的多数人宣讲或展览，被多数人所知。

其中，著作权财产权是指能够给著作权人带来经济利益的权利。这种经济利益的实现，要依靠著作权人对作品的使用才能获得。根据著作权法的规定，著作权的财产权是指著作权人通过复制、发行、出租、展览、表演、放映、广播、信息网络传播、摄制或者改编、翻译、汇编等方式使用作品并由此获得报酬的权利，以及许可他人以上述方式使用作品，并由此获得报酬的权利。对著作权的民法保护方法主要有停止侵害、消除影响、公开赔礼道歉和赔偿损失。

行业内的个人和企业，都要以法律为护盾，保护 VR 作品的著作权及相关合法权益，几点保护建议如下：

（1）个人创作可以在自己的创作素材中明确自己的身份信息，务必保留时间戳作为证据，甚至可以在中国版权保护中心进行作品登记。在法律诉讼中，则可提取信息进行比对作为参考依据。

（2）企业创作在选择平台时一定得从多维度去考量平台的公司实力、发展时间、技术能力和资质情况。例如，企业认证资质的核实，是否得到权威的认证，平台发展的时间长短，在市场运作过程中是否与垂直行业权威平台合作过，等等。若将自己企业运作的辛苦成果托付于平台，一旦平台出现问题，造成的损失可能将无法弥补。

企业商业秘密的认定标准是什么？

对于文化科技融合产业企业来说，如何确定、划分自己的商业秘密范围，也就是企业该如何定密，是很关键的。

对于商业秘密的处分属于企业的私权，故企业可按照自己的实际情况自行决定其确定商业秘密的程序。上述具体的程序，可以参考如下确定国家秘密的普通程序：

（1）承办人按照保密范围的规定提出拟定密级意见。

（2）定密员审核。

（3）主管领导批准。

（4）作出文字记载。

（5）确定知悉范围。

具体的步骤如下：

（1）企业应确定商业秘密信息的保密范围。企业所拥有的，能为企业带来经济利益、具有实用性且不为竞争对手所掌握的技术信息和经营信息都可以列入企业的保密范围。

（2）企业须确定商业秘密的密级和保密期限。商业秘密的密级和保密期限应按照定性和定量相结合的原则来确定，具体范围、标准由各个企业自行决定，依据的因素包括技术秘密的生命长短、技术成熟程度、潜在的价值大小、市场需求度等。

（3）在商业秘密的载体上标明密级和保密期限。商业秘密信息一经确定密级和保密期限后，企业即应在商业秘密的载体上作出明显并易于识别的标志。这样做的目的：一是起到识别作用，以此告知保密义务人应对此信息承担保密义务；二是警告不法分子，一旦其有泄露、使用该些信息的行为，将被追究相应的法律责任。

（4）企业应根据已划分好的商业秘密的范围、密级和保密期限，并考察企业内部的人事管理、制度安排等确定商业秘密的知悉范围和权限，以便在发生泄密、侵权事件时，能够很快地追究泄密者或者侵权者的法律责任。同时，也可以为企业已对商业秘密采取了合理的保护措施提供有力的证明。

以传统手工艺为基础开展的新设计能否获得知识产权保护?

传统手工艺的形成大多依赖于劳动人民集体创造的结晶，是人们在长期生产活动中总结和提炼的手工技艺。对于大多手工艺的创始人或群体体现已难以考据。根据目前的实际情况，手工艺技术通常认为被某一特定区域人民所掌握，并且逐渐成为当地的文化特色。因此，对于很多传统民间手工艺的法律保护主体处于模糊状态，这使得法律很难确定其权利主体，使它的法律保护受到了很多的限制。上述传统手工艺品主要具有审美价值和艺术价值。

以传统手工艺为基础开展的现代艺术设计是艺术与设计的结合体，不仅以技术为特征，融进了现代的科技成果，其创新手法很多，水平很高，具有多元化的发展趋势及复杂的审美观，也是科技和美的结合。若说传统工艺是以手工为基础，那么现代艺术设计则是建立在工业化基础上的。

综上所述，以传统手工艺为基础开展的新设计符合知识产权保护的要求，可以申请著作权、外观设计等相应的保护，具体可咨询当地知识产权专业服务机构的相关专业人士。

第二节　文化科技融合产业运用环节的问题

企业通过什么途径可以合法使用他人已享有专利权的技术?

企业可以通过如下途径合法使用他人已享有专利权的技术：

（1）现有技术检索。

现有技术检索的目的是了解现有技术的发展现状，以制订适合企业自身的技术研发计划和经营战略。

技术人员的知识面未必很完善，其最熟悉的可能仅仅是自己企业的技术现状，稍微好点的可能对于竞争对手技术会比较熟悉，但对整个行业或者相关行业的技术现状并不能够准确了解。在这样的情况下，如果盲目地制订研发计划，极有可能投入大量的人力物力，得出结果时却发现是早已被其他人突破的现有技术。通过对现有技术检索（主要是专利检索、技术文献检索）可以准确地了解整个行业的技术发展现状，避免重复创造，同时开拓解决问题的思路，通过检索现有技术解决一直未被克服的难题。对于一些具有技术创新储备的企业，可通过专利检索并结合企业的技术优势以及现阶段要解决的技术问题等因素综合确定未来可能研发的技术领域。

除上述作用外，有些公开的专利由于各种原因并未被最终授权，例如费用、期限、专利性、无效宣告等，未获得授权的专利则变成公共技术，使用这些专利权被终止的专利技术不构成侵权。利用这些现有的技术不仅能够减少研发成本，加快企业技术更新，还可以对进一步改进的技术申请专利保护。

另外，现有技术专利检索可以直接了解竞争对手的技术创新现状和专利布局。尤其是一些任意提前公开专利的企业，更难准确地了解其研发方向。根据竞争对手的研发发现，可以提前对市场布局，设计替代竞争对手方案的产品，甚至在竞争对手专利的基础上进一步改进，申请新的专利限制对手产品的进一步开发，从而限制竞争对手的发展。

（2）FTO 检索。

FTO 检索的目的之一是合法鉴别别人的专利技术。首先，要收集别人的专利文献，尤其是授权专利文本的权利要求书。其次，分析哪些技术特征可以进行加减，而不会造成技术特征全面覆盖、等同等情形。最后，创新合法使用先进技术，并懂得不侵犯别人的专利权。通过充分明确专利与反向工程的合法使用范围，进行规避设计。

在专利领域，反向工程在以下范围内是合法的：对通过技术贸易获得的专利技术实施反向工程；对未在本国授权为专利的技术进行反向工程；对不再受法律保护的专利技术（已过保护期的专利或已经终止保护的专利）实施反向工程。反向工程是提高中小企业技术创新能力的一条重要途径，但中小企业必须在知识产权法律允许的范围内开展反向工程，不能为了加快技术创新而违反《专利法》。

（3）专利转让。

专利转让，即在自己众多技术领域取得的专利权中，对自己并不实施的专利技术，积极、主动地向其他企业转让。专利的维护要付出经济成本，如果自己不实施，是无法直接带来经济价值的。如果存在这样的情况，应积极启动专利转让程序，不仅可以减少专利管理成本，还可以为企业带来经济回报。需要注意的是，在专利转让过程中应慎重选择受让人，并充分重视合同中专利有效性的保障，以免最后对自己造成制约。

（4）专利收购。

专利收购，即通过对同行专利的收购来独占市场，从而实现对产品的保护。在收购专利过程中，要充分重视下列因素：

①专利可转让性，如果专利被质押，则无法转让。

②被无效宣告的风险，任何专利都有可能被宣告无效，对专利被宣告无效的风险，应当由权利人承担或双方共担。

③权属瑕疵，由于国家在受理专利申请时，对申请人申请专利的权利仅作形式审查，申请人可能无申请权，主要发生在个人是申请人的情形，该风险应约定由转让方承担，对于共有的专利权转让，应由全部共有人签字。

④在受让前应调查该专利是否被许可使用过，一旦该专利已经许可给他人使用，受让后将无法独家使用，该风险应由出让方说明并承诺；在受让前，应对专利申请文件，特别是实质审查函件、复审及无效程序中的文件进行详细的分析，以了解该专利的保护范围。

⑤购买的专利技术应包括基础专利和外围专利，必须打包购买，否则，即便是购买了基础专利，由于未购买其外围专利，仍然深陷雷区，购买专利所转化的产品仍然会陷入侵权的诉讼中。

⑥专利附带的技术秘密转让问题。对于比较重要的专利，权利人很有可能将比较关键的技术方案作为技术秘密加以保护，所以使用专利技术达到的效果总比权利人的要差一些，只有将其技术秘密一并购买，才能生产出与出让方一样的产品。

（5）无效检索与无效诉讼。

专利权无效，是在专利权授予之后，被发现其具有不符合《专利法》及其实施细则中有关授予专利权的条件，并经专利局复审和无效审理部复审确认并宣告其无效的情形，被宣告无效的专利权视为自始不存在。

专利无效宣告请求程序启动后，一旦对应的专利被宣告无效，便成为公共技术，可以免费使用，有的专利即便是最终没有被无效宣告，因当事人为保障专利有效而与请求人和解，请求人也可以达到用较低的费用或不支付费用而获得专利的使用权。

企业将商标授权给他人使用时需要办理哪些手续？

商标授权，指的是商标所有权持有人在一定区域和时限内，在保证商标授权被许可人商品质量过关优质的前提下，以收取授权费用的方式将商标许可实施使用权交给第三方企业使用的过程。

商标许可使用授权包括商标独占使用许可、商标排他性使用许可、商标普通使用许可三种形式。在商标授权过程中，选择商标授权的形式可以说是非常的重要，直接决定了企业能从商标授权中收益多少。例如，商标独占使用许可指的便是将商标许可权授权给他人后，市场上仅此他一家企业可以在一定区域和时间内使用，原来商标申请人都不得再生产与之商标相同或近似的商品出售，直到合同内容结束。与之相对应的，便是商标排他性使用许可。除了商标注册本人外，同时还许可其他企业在同一时间和区域内，也拥有该商标的使用实施权。第三种商标普通使用许可，指的是商标注册人可以使用的同时，其他多方企业同时间也持有该商标的使用许可权。企业针对不同的形式收取的费用也自然会天差地别，需要企业在双方授权过程中，彼此商讨和共同决定。

商标授权备案申请双方，需要办理如下手续：

（1）确定好利益分配和商标授权形式。

（2）到国家知识产权局进行商标授权备案申请。

（3）经过国家知识产权局的工作人员审查，确定商标持有人证明以及商标许可资格公布后，商标许可才算是有效进行的。

依《商标法实施条例》第十七条规定，变更商标注册人名义、地址或者其他注册事项的，应当向商标局办理变更手续。符合更正条件的，商标局核准后更正相关内容；不符合更正条件的，商标局不予核准，书面通知申请人并说明理由。依《商标法实施条例》第三十三条规定，注册商标需要续展注册的，应当向商标局提交商标续展注册申请书。商标局核准商标注册续展申请后，发给相应证明并予以公告。

授权他人使用注册商标是商标的许可使用问题，对此，许可人应当监督被许可人使用其注册商标的商品质量，被许可人应当保证使用该注册商标的商品质量，并且被许可人必须在使用该注册商标的商品上标明被许可人的名称和商品产地，商标使用许可合同只需向商标局备案，无须办理登记注册，应注意详细约定商标名称、注册号、使用期限、使用费、违约责任、合同发生争议处理方式等有关内容，建议请专业商标律师代为审签合同。

（4）企业在授权该商标给第三方或是多家企业时，应当对该方企业经营理念、生产商品的质量以及企业知名度和影响力有足够的调查和相应的了解。而商标被授权企业方，也应当在使用该商标时，注明该商标原持有人企业和地址信息。

企业商标被申请“撤三”的理由有哪些?

企业商标被申请“撤三”的常见理由主要有以下两点：

（1）注册前，经查询发现有类似商标已经被人注册，且处于闲置状态。

在注册商标前，申请人往往会先进行商标检索，发现有类似商标后，如商标拥有人的商标满足“撤三”条件，会提前准备“撤三”，争取在商标局实质审查到自己的商标之前，撤销“类似商标”的注册。

（2）注册商标被“驳回复审”，对“引证商标”（闲置商标）提出“撤三”申请。

更多的“撤三”申请，发生在“在后商标”已经被商标局引证在先商标予以驳回之后，在后商标申请人一方面对引证商标提出撤销 3 年不使用申请，另一方面就自己的在后商标提出驳回复审申请。复审理由往往是“在先引证商标，将会因连续 3 年停止使用而被商标局撤销注册”。

企业如何避免商标被申请“撤三”？

商标“撤三”，指注册商标没有正当理由连续 3 年不使用的，任何单位或者个人可以向商标局申请撤销该注册商标，对他人提出商标“撤三”是扫清商标申请障碍的有效手段。

企业防止商标被申请“撤三”的方式有如下几种：

（1）做好商标使用证据的留存，保护好使用了商标全称的相关发票、合同或协议、广告宣传、产品包装、产品检测报告和商标印制证明材料等。做好证据留存，以避免被申请“撤三”的风险。

（2）商标使用中还需要做好商标监测。商标监测是企业维护商标合法权益的重要途径之一。通过商标监测，一方面，可以及时得知商标动态，使企业迅速做出反应，避免不必要的损失；另一方面，可以及时制止他人“傍名牌”“搭便车”等侵权行为，以免企业品牌信誉度受到影响。

企业为避免商标被申请“撤三”的使用证据有如下几种：

商标用于商品、商品包装或者容器以及商品交易文书上的具体表现方式包括：

（1）商标以任何方式直接使用在商品上。

（2）商标使用在商品外包装、容器、标签或附加标牌上等。

（3）商标使用在与商品销售有联系的交易文件资料上，包括产品说明、介绍手册、发票、销售协议、票据、收据、单据、商品进出口检疫证明、报关单等。

服务商标使用的具体表现方式包括：

（1）直接使用于服务：包括使用于服务介绍手册、服务场所装饰、招贴、菜单、登记证、价目表、入住表格、挂号卡、奖券、贸易标志、汇款单据、文具、信笺及其他配套用具用品等。

（2）使用于与服务有联系的文件资料，包括发票、发货单、纪念品、提供服务协议等。

商标用于广告宣传、展览上的具体表现方式包括：

（1）在广播、电视、杂志、报纸及广告牌、邮寄广告等媒体或广告方式中为实际使用商标的商品或服务进行的广告宣传（报刊应为经新闻出版部门批准发行的）。

（2）在展览会、展示会使用商标，包括在展览会、展示会上提供使用该商标的印刷品以及其他资料、照片等（展览会、展示会应为各级政府有关管理部门批准举办的）。

企业商标注册成功并不代表一劳永逸，还需要重视商标使用，做好商标监测，全面布局，预防“侵权”或者被“撤三”风险，必要时应咨询当地专业商标律师。

企业在商标“撤三”答辩中，需要准备什么材料？

国家知识产权局受理撤销连续3年不使用申请后，给注册人下发《关于提供注册商标使用证据的通知》，要求注册人自收到这份通知书之日起2个月内提交该注册商标的实际使用证据。

注册人按期提交其注册商标的实际使用证据。国家知识产权局收到证据材料后，进行证据审查和事实认定。如果审查认定该证据可以证明注册商标在指定3年期间内有实际使用，会下发一份《商标注册继续有效的决定书》，反之，会下发《撤销商标注册的决定书》。

注意，举证责任全部由商标持有人承担，也就是说商标持有人要主动保存证据并提交。举证应针对的 3 年期间指的是：自撤销三年不使用申请人（以下简称“撤三申请人”）递交“撤三”申请之日，向前追溯 3 年。

一份符合“三性”（真实性、合法性、关联性）的商标使用证据，不但能让商标代理人笔下生辉，也能让审查员更加公正客观地对事实和理由作出裁定，降低主观判断因素。

企业在商标“撤三”答辩中，可以提供的商标使用证据包括：

（1）将申请商标作为商标最早使用和持续使用的证据材料，包括但不限于：

①将该商标使用在“核定商品群组”商品/服务项目的包装、容器、附加标牌、产品说明书、介绍手册、价目表等证据材料；服务场所招牌、店堂装饰、工作人员服饰、招贴、菜单、价目表、奖券、办公文具、信笺以及其他相关的用品等证据材料。

②将该商标使用在与注册使用商品有联系的交易文书上的证据材料，包括使用在商品销售协议、发票、票据、收据、单据、报关单等上的材料。

③将该商标使用在广播、电影、电视、报纸、期刊、网络、户外等媒体广告、媒体评论及其他宣传活动资料上，或者使用在经国家出版行政管理部门批准公开发行的出版物等证据材料上。

④将该商标使用在各级政府有关管理部门批准举办的展览会、博览会上的使用证据，包括在展览会、博览会上提供的使用商标的印刷品及其他资料、照片等。

（2）商标的图形、文字创意来源描述。

（3）申请人企业简介。

（4）申请人及该商标所获得的主要荣誉证书复印件。

（5）申请人认为与该案有关的其他证据材料。

美术作品的所有权转移后，著作权转移吗?

按照我国《著作权法》规定，美术等作品原件所有权的转移，不视为作品著作权的转移，但美术作品原件的展览权由原件所有人享有。

文化企业如何通过综合运用知识产权，提升品牌价值?

品牌与知识产权保护的客体，如商标、专利、著作权、地理标志等关系密切。对于文化企业来说，品牌建设与知识产权密不可分，可以通过综合运用知识产权，提升品牌价值。

打造知名品牌，需要满足诸多条件，例如，好的技术、高辨识度、美观、优质资源、文化等；而这些都与知识产权关系密切，专利对应创新技术，商标对应辨识度，外观设计专利与美观程度挂钩，地理标志代表优势区域资源，版权保护文化。多维度知识产权的综合作用，造就了更多优质品牌，如版权主导品牌迪士尼、专利主导品牌苹果、商业秘密主导品牌可口可乐、地理标志主导品牌贵州茅台、商标主导品牌中华老字号类等。品牌建设首要的是取得多维度知识产权。具体而言，知识产权综合布局的加强、海外知识产权布局的拓展和知识产权质量的优化要三管齐下。

企业在进行品牌建设伊始，应依企业定位综合布局，根据品牌定位、产品定位，建立以商标为主导的多维度知识产权布局：专利、商标、软件著作权、植物新品种、商业秘密、地理标志等，并通过申请取得知识产权。打造知名品牌自然少不了布局海外知识产权，企业在拓展海外市场中，应借助 PCT 和马德里体系来推动中国品牌“国际化”。国内外知识产权布局中还需优化知识产权质量，通过提前布局和规划，运用市场机制，打造知名品牌、精品版权、核心专利，为品牌建设塑造“攻击手”。

知识产权取得后，如果只是放在那里，不仅会造成闲置，品牌价值也难以得到提升，甚至品牌形象亦会受损。这对品牌建设无疑是不利的。那如何做？品牌建设还应加强多维度知识产权的运用与保护，把知识产权变成真金白银，使知识产权成为抵御侵权纠纷、打击国内外竞争对手的“利剑”。知识产权取得后，聚焦知识产权质量和运用，企业应该对其加以充分的利用，尽力将其转变成现实的财富和竞争工具。

加强知识产权保护，守护自身品牌。知识产权保护的程度直接影响企业技术创新、品牌建设的进度，所以，知识产权保护应当与知识产权申报一道纳入品牌建设的全过程中。企业可借助司法、行政、争议仲裁、纠纷调解、诚信监管、检测机制等政府和民间渠道，多方开展维权保护，维护自身品牌形象，塑造知名品牌。品牌要做大做强离不开知识产权做大做强，品牌要“走出去”离不开知识产权“走出去”。品牌战略与知识产权战略需要同步实施、同步推进。

企业采取哪些措施可以有效避免知识产权交易过程中的纠纷？

对文化科技融合产业企业而言，在其知识产权交易过程中，由于存在权利的不确定性、事实的不确定性、赔偿金额的不确定性和判决执行的不确定性等风险，可能会导致一定的纠纷。

知识产权纠纷分为合同类纠纷与侵权类纠纷两大类。越是大企业、拥有更多知识产权的企业，越容易产生知识产权纠纷。在侵犯到他人的知识产权或是自己的知识产权被侵犯时，选择适当的解决方式可以达到公平、合理、经济并且有效地解决纠纷的目的。

企业可以采取如下措施有效避免知识产权交易过程中的纠纷。《专利法》第六十条、《著作权法》第五十五条、《商标法》第六十条第一款均有相关法律依据。在实践中，企业遇到有关知识产权的纠纷，主要通过协商、调解、仲裁、诉讼等方式解决。

（1）协商。

协商是只有双方当事人参加的，对于双方而言都是最先采用的一种手段。此种方法成本较低。通过界定问题，划定双方需要满足的利益需求，使意见达成一致，解决纠纷。

（2）调解。

在调解中，在第三方如法院、调解委员会等的参与和调解机构的调解下，双方当事人全面了解事实、相关法律和惯例；随后当事人相互陈述理由、事实和交换证据，进行辩论，让产生纠纷的双方了解对方的立场，了解自己所能把握的机会，了解事实；接着双方进行交涉，相互让步，最终达成和解协议。

（3）仲裁。

对于合同类纠纷，如技术开发合同、技术转让合同、专利转让合同、专利实施许可合同、技术服务合同、技术咨询合同、保密协议合同纠纷，当事人可以在订立合同时约定仲裁条款；知识产权侵权纠纷中的可仲裁点一是平等主体，二是财产内容。

（4）诉讼。

在我国，知识产权诉讼分为知识产权民事诉讼、行政诉讼和刑事诉讼。

知识产权行政诉讼分为由国家行政机关作出的行政裁判引起、由国家行政机关作出的具体行政行为引起、由地方知识产权治理机关行政执法引起三种类型。

第三节　文化科技融合产业保护环节的问题

当企业遭遇专利侵权指控，可以采用哪些抗辩理由？

根据北京市高级人民法院发布的《专利侵权判定指南》，企业遭遇专利侵权指控后，一般可以主张七种抗辩理由：

（1）专利权效力抗辩：企业遇到专利侵权指控时，应该首先核对对方主张专利权的专利是否在有效期内，对方是否是专利登记簿载明的权利人。如果专利仍然有效，并且对方也是专利权人，那么再查找在申请日之前有无能够使专利权无效的现有技术，也可以看看授权文件中有没有其他可以导致专利权无效的理由。

（2）滥用专利权抗辩：主要是指被诉侵权人能够提供证据证明涉案专利为专利权人恶意取得，此时法院可以判决驳回原告的诉讼请求。

（3）不侵权抗辩：即是主张被诉技术方案没有落入涉案专利保护范围之内。

（4）不视为侵权的抗辩：其可以分为权利用尽、先用权抗辩、科学研究、行政审批、个人使用五种。

（5）现有技术抗辩及现有设计抗辩：是指被诉落入专利权保护范围的全部技术特征，与一项现有技术方案中的相应技术特征相同或者等同，或者所属技术领域的普通技术人员认为被诉侵权技术方案是一项现有技术与所属领域公知常识的简单组合的，应当认定被诉侵权人实施的技术属于现有技术，被诉侵权人的行为不构成侵犯专利权。

（6）合法来源抗辩：为生产经营目的，使用、许诺销售或者销售不知道且不应知道是未经专利权人许可而制造并售出的专利侵权产品且举证证明该产品合法来源的，不承担赔偿责任，但应该停止上述使用、许诺销售、销售行为。

（7）不停止侵权抗辩：在以上抗辩理由都不能成立的情况下，还可以进行不停止侵权的抗辩。

当企业遭遇外观设计专利侵权，民事赔偿数额如何计算？

按照《专利法》第六十五条规定，当企业遭遇外观设计专利侵权后，民事赔偿数额计算方法如下：

（1）按照权利人因被侵权所受到的实际损失确定。此方法的计算公式为：专利权人因侵权产生的销售量减少的总数乘以每件专利产品的利润。

（2）实际损失难以确定的，可以按照侵权人因侵权所获得的利益确定。此方法的一般计算公式为：侵权产品销售总数乘以每件产品的合理利润。

（3）权利人的损失或者侵权人获得的利益难以确定的，参照该外观设计专利许可使用费的倍数合理确定。至于具体倍数没有明确规定，《最高人民法院关于审理专利纠纷案件适用法律问题的若干规定》（法释〔2001〕21 号）将其确定为 1 至 3 倍。

（4）法定数额赔偿。权利人的损失、侵权人获得的利益和专利许可费均难以确定的，人民法院可以根据专利权的类型、侵权行为的性质和情节等因素，确定给予上限为 100 万元，下限为 1 万元的法定赔偿。

赔偿数额还应当包括权利人为制止侵权行为所支付的合理开支。

企业在应对商标侵权行为时，可以采取哪些措施？

在知识全球化的今天，商标作为知识产权的一部分，是市场的组成部分之一，同时它在企业中的地位也与日俱增，商标侵权案件屡有发生。作为企业，遇到商标侵权，需要学会采取正当、有效的措施进行应对。

（1）提高商标保护意识。

企业在新开发的商品进入市场之前，确保所用商标已经取得权利。这样可尽量避免企业标识在先使用并在社会公众中产生了一定影响后，被其他企业或个人抢先注册。

（2）注重商标防御性注册和保护。

企业根据产品或者服务范围的需要在相对应的商标类别里注册

对应的商标或者类似的商标后，可在非类似商标类别上进行防御性商标注册。

（3）迅速制止商标侵权行为。

企业在发现侵权行为后，首先要固化侵权证据，然后与侵权人沟通，要求其立即停止侵权行为，并协商消除影响及损害赔偿等事宜。如果协商不成，或侵权方有意拖延，商标权人可立即提起民事诉讼。

（4）加强商标监测管理的力度。

企业应密切关注商标局颁布的商标公告，发现相同或近似商标，及时向商标局提出异议，这样可以尽早发现商标侵权行为。

企业在应对商标侵权行为时，应如何取证？

企业应对商标侵权行为进行取证的时候，可以选择的方法有自行取证或委托律师调查取证、申请公证机关进行取证、申请人民法院或者行政机关调查取证等。

（1）自行取证或委托律师调查取证。

由权利人自行取证，对取证的方向和范围把握会有一定难度。委托律师调查取证要比权利人自行取证方便，收集证据的范围更加广泛、精确。

（2）申请公证机关进行证据保全。

公证机关的法定业务之一是“保全证据”。公证证据具有推定为真的效果。公证机关对证据保全的效果与法院依职权所进行的保全是相等的。在提起诉讼之前，权利人可以充分运用公证机关收集、保全证据，以便做好诉前准备。

（3）申请法院进行诉前证据保全。

最高人民法院于2002年1月实施的《关于诉前停止侵犯注册商标专用权行为和保全证据适用法律问题的解释》规定了在商标权侵权案件中，可以申请诉前证据保全。

（4）申请人民法院调取证据。

我国《民事诉讼法》第六十四条规定：当事人及其代理人因客观原因不能自行取得的证据，或者人民法院认为审理案件需要的证据，人民法院应当调查收集。基于此，权利人提起商标侵权诉讼的同时，提出一份调取证据申请，调取证据通常又分为三种情况：第一，保全被控侵权产品；第二，调查被控侵权单位的财务账册，以便确定赔偿额；第三，调取被控侵权人存在侵权的证据。

（5）申请行政机关调查取证。

权利人可以申请行政机关帮助调查取证。行政机关可以根据需要依职权调查收集有关证据。可以查阅、复制与案件有关的合同、账册等有关文件；询问当事人和证人；采用测量、拍照、摄像等方式进行现场勘验。

企业面对商标抢注行为，应当如何维权？

企业面对商标抢注行为，协商和解是最经济实惠的途径。如此可以及时解决问题，不会耽误企业的产品发行。但很多时候协商不成，不得不采取司法救济。司法救济包括以下三种情况：

（1）商标在申请中，尚未获得注册，企业可以通过对抢注者申请提起异议的方法进行救济。根据中国《商标法》，商标注册必经程序是为期3个月的商标公告期，这也是发现商标抢注的关键时期，商标在公告期，也就意味着该商标并没有被获准注册，此情况下有异议者可以在规定的时限内及时提交商标异议申请。

（2）已经注册满3年的抢注商标，按照中国《商标法》规定，“没有正当理由连续三年不使用的，任何单位或者个人可以向商标局申请撤销该注册商标”。

（3）已经注册的抢注商标，在留存有证明抢注商标属恶意注册的前提下或是商标权人有合法在先权利的情况下，企业可以直接提出无效申请。

企业如何有效地防止自己享有著作权或邻接权的音乐作品通过社交媒体（如直播、小视频等）被侵权？

近年来，通过社交媒体（如直播、小视频等）传播音乐作品的情况越来越普遍，涉及信息网络传播权纠纷也越来越多。由于网络传播的全球性、交互性、集合性等特点，信息网络传播权的保护难度也在增加。法律依据为2010年的《著作权法》、2012年出台的《最高人民法院关于审理侵害信息网络传播权民事纠纷案件适用法律若干问题的规定》、2013年修订的《信息网络传播权保护条例》。《信息网络传播权保护条例》第二条规定："权利人享有的信息网络传播权受著作权法和本条例保护。除法律、行政法规另有规定的外，任何组织或者个人将他人的作品、表演、录音录像制品通过信息网络向公众提供，应当取得权利人许可，并支付报酬。"第四条规定："为了保护信息网络传播权，权利人可以采取技术措施。任何组织或者个人不得故意避开或者破坏技术措施，不得故意制造、进口或者向公众提供主要用于避开或者破坏技术措施的装置或者部件，不得故意为他人避开或者破坏技术措施提供技术服务。但是，法律、行政法规规定可以避开的除外。"由此，企业应采取技术措施保护音乐作品不被随意侵权，同时建议按《著作权集体管理条例》规定，加入著作权集体管理组织，例如中国音乐著作权协会，依法对其著作权或邻接权进行有序的管理。

当企业面临某件作品被众多侵权者侵犯著作权时，应当如何应对？

单个企业在面临某件作品被众多侵权者侵犯著作权时，企业要收集其作品被侵权证据，不论是从时间、人力还是成本的角度看，都是很困难的。为了实现有效地行使权力，维护企业的权益，加入著作权集体管理组织，是一个可行的解决办法。

著作权集体管理，是指著作权集体管理组织经权利人授权，集中行使权利人的有关权利并以自己的名义进行的：

（1）与使用者订立著作权或者与著作权有关的权利许可使用合同（以下简称“许可使用合同”）。

（2）向使用者收取使用费。

（3）向权利人转付使用费。

（4）进行涉及著作权或者与著作权有关的权利的诉讼、仲裁等。

企业可借助著作权集体管理组织，对其合法权利加以有效的行使和保护。

企业如何通过著作权集体管理组织进行维权？

根据《伯尔尼公约》、世界贸易组织《与贸易有关的知识产权协定》和《世界知识产权组织版权条约》的相关规定。著作权人对其合法权利的管理方式大体可分为两种，即个人管理和集体管理。集体管理表现为著作权人借助专门机构、著作权集体管理组织，对其合法权利加以有效的行使和保护。随着网络数字技术的发展和全球化的进程，个人在行使和保护著作权方面，有时会力不从心。著作权人没有能力控制其作品的使用情况，既无从获得有关信息，也无法获得精神和物质权利的保障；著作使用者要合法地取得使用许可时，仅仅依靠其自身的力量，要找到遍布全国乃至各国的著作权人，不论是从时间、人力还是成本的角度看，都是难以实现的。正是基于对这种困难性的认识，使得著作权人和作品使用者都迫切地需要求助于专门的机构，来帮助实现有效地行使权力和便捷地取得使用许可这两方面的基本目的。采用集体管理制度成为一个可行的解决办法。

按照《著作权集体管理条例》的规定，著作权人可以与著作权集体管理组织以书面形式订立著作权集体管理合同，授权该组织对其依法享有的著作权或者与著作权有关的权利进行管理。权利人与著作权集体管理组织订立著作权集体管理合同并按照章程规定履行相应手续后，即成为该著作权集体管理组织的会员。权利人与著作权集体管理组织订立著作权集体管理合同后，不得在合同约定期限内自己行使或者许可他人行使合同约定的由著作权集体管理组织行使的权利。

企业如何防范课件、软件未经授权被他人在网络上传播？

他人未经授权在网络上传播企业的课件、软件，这是侵犯了企业的信息网络传播权。企业在发布课件、软件的时候，首先要进行“知识产权提醒”，提醒上传者注意上传作品的知识产权。同时使用合理的技术措施，用技术来控制课件、软件的使用与传播，维护企业的合法权益。例如通过开发防火墙技术、信息加密技术、水印加载技术、CA认证技术等，有效地阻止、限制或禁止不正当接触或复制课件、软件的行为，保护企业的权益和课件、软件信息安全。此外，可以按《著作权集体管理条例》规定，加入著作权集体管理组织，依法对其权益进行有序的管理。

聚合内容（RSS）输出是否属于《著作权法》上的合理使用？

如果网站支持以RSS输出内容的，不属于合理使用，而属于著作权人授权使用。同时，如果网站只支持RSS摘要输出，第三方网站通过抓取网站内容放在自己网站上实现RSS全文输出的，属于超越授权使用，构成侵权。

如果网站在其页面嵌入了RSS代码，用户就可以使用支持RSS的聚合工具软件，在不打开网站内容页面的情况下第一时间阅读网站内容。根据RSS技术的这个特性，RSS实际是网站所有者的一种授权，如果网站上有RSS代码，就表明其授权用户可以在不访问网站的情况下读取网站内容。而合理使用是指在《著作权法》规定的特定情况下，可以不经著作权人同意也不支付报酬即使用著作权人的内容。比如把作品翻译成盲文、少数民族文字、免费表演他人已经发表的作品等，都属于合理使用。

简而言之，RSS 输出是经过著作权人授权的，而合理使用是不需要著作权人授权的。因此，RSS 输出不是《著作权法》意义上的合理使用。

聚合类 APP 的著作权侵权判定标准是什么？

第一，服务器标准。强调将服务器储存作品作为判断信息网络行为的客观要素。第二，用户感知标准。以传播行为的外在表现形式所带给网络用户的认知作为判断信息网络传播行为的依据，关注用户的主观体验。第三，实质性替代标准。以《最高人民法院关于审理侵害信息网络传播权民事纠纷案件适用法律若干问题的规定》（法释〔2012〕20 号）第五条为依据，要求网络服务提供者（ISP）的行为实质性地替代其他网络服务提供者向公众提供相关作品。与之相近的提法还有“实质性呈现标准”和“链接不替代原则”。第四，播放器标准（API）。将是否使用了被链者的播放器作为判断聚合平台是否侵权的关键。第五，新公众标准。“2001/29/EC”指令中的向公众传播行为需要满足向“新公众”传播的条件，如果著作权人在进行初始传播时没有对作品的接触范围予以限制，对其设置链接便不构成向“新公众”传播。

网游外挂软件是否侵犯原游戏软件的著作权？

2003 年 12 月 18 日，新闻出版总署等部委联合发布的《关于开展对“私服”、“外挂”专项治理的通知》中，明确指出“私服”“外挂”行为严重侵害了著作权人、出版机构及游戏消费者的合法权益，并对外挂作了以下定义：

“私服”“外挂”违法行为是指未经许可或授权，破坏合法出版、他人享有著作权的互联网游戏作品的技术保护措施、修改作品数据、私自架设服务器、制造游戏充值卡（点卡），运营或挂接运营合法出版、他人享有著作权的互联网游戏作品，从而谋取利益、侵害他人利益。“私服”“外挂”违法行为属于非法互联网出版活动，应依法予以严厉打击。

在此定义中，外挂被定性为侵犯著作权的行为。因此，目前的刑事案件公诉机关都以涉嫌侵犯著作权起诉犯罪嫌疑人。

对于网游外挂软件侵权存在不少争议。有观点认为需对网络游戏外挂程序进行分类，划分为官方外挂与非官方外挂、恶性外挂与良性外挂，恶性外挂细分为作弊类和辅助类外挂，以此对网络外挂软件侵权进行定性。还有观点认为外挂应该是破坏计算机信息系统罪或者是非法经营罪。

目前我国在规制网络游戏外挂的相关法律法规方面仍处于萌芽阶段，随着对网络游戏外挂定义的认识发展，会在法律上有更明确的认定。

企业怎样运用知识产权保护“网络游戏直播”？

网络游戏直播是目前比较流行的一种娱乐方式，它主要是用视频软件或网站以直播的形式供大家观看。通常情况下，游戏画面的内容属于一种艺术作品，是通过美术形式或摄影形式等方法创作出来的作品，没有经过游戏著作权人的许可而通过网络直播形式传播游戏画面并通过画面内容谋取一定利益的情况就构成了对游戏画面著作权的侵犯。

目前主流的观点认为，游戏画面著作权应归属于游戏开发商。根据《世界知识产权组织版权条约》，著作权人应当享有一项广义的向公众传播权。如果未经许可进行网络游戏直播，则有可能构成侵权。

网络游戏直播行为存在被认定为侵犯著作权专有权利的可能，

但如果能够合理适用一些规则，比如“避风港规则”和“转换性使用规则”，还是有可能排除侵权责任的。比如，建立有效的维权投诉渠道，合理掌握对游戏直播内容的推介和修改尺度，对主播、游戏和用户进行分级并采取不同的措施等，在实践当中都属于行之有效的方法。

作为蓬勃发展的电竞行业的重要组成部分，网络游戏直播并不会因为涉及侵权风险而消亡，反而有理由发展得更好。但一方面这需要行业的相关参与方，包括游戏开发商、电竞战队、直播平台和知名主播有规则意识和共赢意识；另一方面在具体业务中，站在风险防范的角度，各方也需要借助专业人士（包括行业专家和法律专家）的帮助，梳理业务流程，规范内部操作指引，并注重在外部商业合作时管控侵权风险。如果这样，各方一定能慢慢探索出共赢的、更加成熟的和可持续的商业模式。

企业在日常工作中应采取哪些措施来保护自己的商业秘密?

商业秘密通常包括不可外传的配方、秘方、技术诀窍、图纸、营销策略、客户名单、货源等，是企业花费大量时间、人力、物力、精力的结晶。商业秘密的外泄，会给企业造成无法估量的损失。企业可以从以下几个方面采取措施来保护自己的商业秘密：

（1）企业与职工签订保密合同保护商业秘密。我国《劳动法》第二十二条规定：“劳动合同当事人可以在劳动合同中约定保守用人单位商业秘密的有关事项。”因此，用人单位可以在劳动聘用合同、知识产权权利归属协议或者技术保密协议中，与相关人员订立保密合同。

（2）企业采取经济手段保护商业秘密。首先以优厚的待遇来保护企业商业秘密，即对接触、使用企业商业秘密的职工给予较优厚的待遇，同时在劳动合同中注明，负有相应的保密义务。其次以劳动合同长期化来保护商业秘密，即对关键岗位的职工，通过劳动合同长期化，达到收益长期性的预期而留在岗位上。最后以吸纳股东来保护商业秘密，即允许商业秘密的发明人，接触、掌握商业秘密的人拥有部分股权，成为企业的股东，使之与企业形成休戚相关的命运共同体。

（3）企业建立健全商业秘密保护制度。第一，建立商业秘密的保护机构；第二，建立企业内部的保密制度；第三，加强宣传教育和检查监督；第四，将商业秘密的管理纳入企业基础管理体系。

（4）企业可以利用法律武器保护商业秘密。我国《劳动法》《民法通则》《反不正当竞争法》《刑法》等法律均对侵犯商业秘密行为，损害商业秘密权利人的合法权益，侵权人应当承担的法律责任有所规定。企业应充分利用法律武器来保护企业的商业秘密。

企业如何应对他人擅自使用其企业名称、字号、域名、网页等不正当竞争行为？

现实中有的企业不遵守市场规则，它们往往基于自己的利益考虑而采取各种不正当的手段进行竞争，例如擅自使用其他企业名称、字号、域名、网页等。因此，企业必须充分利用法律所赋予的保护手段来制止和打击此类不正当竞争行为，才能使自己的合法权益得以顺利实现。具体针对不同情况可采取以下不同的救济方式。

（1）企业应该积极应对，要树立自己的优质品牌，及时采取商标注册等知识产权保护，以避免遭受竞争对手不正当竞争行为的侵害。

（2）提起民事诉讼以获得救济。在发现其他企业擅自使用其企业名称、字号、域名、网页等的不正当竞争行为时，及时向人民法院提起诉讼，要求人民法院判令其停止不正当竞争行为，并对其行为给本企业所造成的损失予以赔偿。

（3）向有管理权限的行政机关举报，要求该机关启动行政执法程序，对该企业予以相应的行政处罚。

（4）如该企业的行为已构成犯罪，则应向司法机关举报并提出请求，请求司法机关对其犯罪行为予以刑事制裁。

总之，在现代市场环境下，一个企业只有有效地利用法律所赋予的权利，才能有效地维护自己的合法权益从而使本企业能在一个公平有序的市场秩序下开展业务，并最终实现企业效益的最大化。

第四节　文化科技融合产业管理环节的问题

哪些情况会导致专利权的终止？

专利权是一种有期限的无形财产权，期限届满，权利便依法终止。同时专利权会由于专利权人不愿维持，或者主动放弃而在期限届满前终止。专利权终止后，受该项专利权保护的发明创造便成为全社会的财富，任何人都可以无偿地利用。专利权的终止根据其终止的原因可分为：

（1）期限届满终止：发明专利权自申请日起算维持 20 年，实用新型或外观设计专利权自申请日起算维持满 10 年，依法终止。专利权期限届满依法终止的，专利局应当通知专利权人，并在专利登记簿和专利公报上分别予以登记和公告。同时，将专利申请案卷存入失效案卷库管理，至少再保存 3 年。

（2）未缴费终止：专利局将发出缴费通知书，通知专利权人补缴本年度的年费及滞纳金后，专利权人在专利年费滞纳期满仍未缴纳或缴足本年度年费及滞纳金的，自滞纳期满之日起 2 个月内，最早不早于 1 个月，专利局作出专利终止通知，通知专利权人，专利权人未启动恢复程序或恢复未被批准的，应在终止通知书发出 4 个月后，在专利登记簿和专利公报上分别予以登记和公告。同时，将专利申请案卷存入失效案卷库管理。专利权自上一年度期满之日起终止。

（3）主动放弃专利权：专利权人自愿将其发明创造贡献给全社会，可以提出声明主动放弃专利权。专利权人主动放弃专利权的，应当使用专利局统一制定的表格，提出书面声明。放弃专利权只允许放弃全部专利权，不允许放弃部分专利权。放弃部分专利权的声明视为未提出。符合规定的放弃专利权声明被批准后，专利局将有关事项在专利登记簿上和专利公报上登记、公告。该声明自登记、公告后生效。

商标申请被授权后，为维持商标权长期有效，还需要缴纳哪些费用？

注册商标成功申请后的有效期是 10 年，在有效期内不需要任何费用。之后在办理商标注册续展的时候才需要缴纳商标续展费用。商标注册期满需要继续使用的，应当在期满前 12 个月内按照规定办理续展手续。在此期间未能办理的，可以给予 6 个月的宽展期。宽展期满仍未提出续展申请的，商标局注销该注册商标。

企业在研发活动中如何规避知识产权侵权风险？

《企业知识产权管理规范》（GB/T 29490—2013）中有明确的要求，通过系统的管理标准规范企业研发活动，可以有效地避免侵权风险，具体的要求主要体现在以下标准条款中：

（1）获取。

应编制形成文件的程序，以规定以下方面所需的控制：①根据知识产权目标，制定知识产权获取的工作计划，明确获取的方式和途径；②在获取知识产权前进行必要的检索和分析；③保持知识产权获取记录；④保障职务发明人员的署名权。

（2）立项。

立项阶段的知识产权管理包括：①分析该项目所涉及的知识产

权信息，包括各关键技术的专利数量、地域分布和专利权人信息等；②通过知识产权分析及市场调研相结合，明确该产品潜在的合作伙伴和竞争对手；③进行知识产权风险评估，并将评估结果、防范预案作为项目立项与整体预算的依据。

（3）研究开发。

研究开发阶段的知识产权管理包括：①对该领域的知识产权信息、相关文献及其他公开信息进行检索，对项目的技术发展状况、知识产权状况和竞争对手状况等进行分析；②在检索分析的基础上，制订知识产权规划；③跟踪与监控研究开发活动中的知识产权，适时调整研究开发策略和内容，避免或降低知识产权侵权风险；④督促研究人员及时报告研究开发成果；⑤及时对研究开发成果进行评估和确认，明确保护方式和权益归属，适时形成知识产权；⑥保留研究开发活动中形成的记录，并实施有效的管理。

（4）合同管理。

加强合同中知识产权管理：①应对合同中有关知识产权条款进行审查，并形成记录；②对检索与分析、预警、申请、诉讼、侵权调查与鉴定、管理咨询等知识产权对外委托业务应签订书面合同，并约定知识产权权属、保密等内容；③在进行委托开发或合作开发时，应签订书面合同，约定知识产权权属、许可及利益分配、后续改进的权属和使用等；④承担涉及国家重大专项等政府支持项目时，应了解项目相关的知识产权管理规定，并按照要求进行管理。

（5）保密。

应编制形成文件的程序，以规定以下方面所需的控制：①明确涉密人员，设定保密等级和接触权限；②明确可能造成知识产权流失的设备，规定使用目的、人员和方式；③明确涉密信息，规定保密等级、期限和传递、保存及销毁的要求；④明确涉密区域，规定客户及参访人员活动范围等。

企业如何选择适合自己的研发成果保护策略?

企业研发成果有多种形式，可以按照对应的知识产权保护策略加以保护，例如专利、商业秘密、著作权、计算机软件、集成电路布图设计、植物新品种等。其中较为难以选择的是专利和商业秘密，可以从以下几点作为选择时的参考：

（1）保密措施和期限。

对有能力采取有效保密措施，防止技术方案泄露，且对技术方案希望长期得到保护的，可以考虑以商业秘密方式保护。若企业不能保证有效保密措施，或保密措施无法保障技术方案不被泄露，则尽量以申请专利的方式进行保护。

（2）技术先进程度。

若技术方案本身先进性程度不高，同样或类似的技术也可能被他人（特别是竞争者）研发出来，则时间上优先保护更为重要，建议采用专利方式保护。若技术方案本身先进性程度较高，在一定时期内难以被他人研发出来，可考虑采用商业秘密进行保护。

（3）反向工程难度。

若该技术方案容易通过反向工程而获得关键技术信息，则应考虑通过专利保护。若该技术方案很难进行反向工程，则可以考虑商业秘密的保护方式。

（4）技术方案的商业价值期。

若该技术方案具有较长期的商业价值，则可以采用商业秘密进行保护。若该技术方案处于更新换代较快的领域，则可以考虑专利保护。

（5）获得专利授权的可能性。

若该技术难以符合授予专利权的条件（新颖性、创造性、实用性），则要考虑采取商业秘密保护。

（6）商业秘密 + 专利相结合的保护方式。

结合上面五点，也可以考虑综合保护方案：如将希望得到保护的核心技术采用商业秘密的方式保护，严格限制范围并采取有效保密措施；对周边技术采用专利方式保护。此外，对核心技术申请专利（若属于更新换代快的领域或技术难度本身不高容易被反向工程方式获得技术方案），对周边技术采取商业秘密（若技术难以符合专利授权条件），也是一种可行的方案。

企业应当怎样做，才可以将知识产权管理工作与研发活动紧密结合起来?

如何将知识产权管理与传统的研发活动紧密结合是很多企业面临的课题。按照《企业知识产权管理规范》（GB/T 29490—2013）中研发活动知识产权管理规定可有效解决问题。

（1）研发部针对研发项目进行可行性研究，并提交《科技项目立项申请审批表》，申请审批表里须详细写明项目目的，可能产生的成果等。

（2）知识产权管理部根据《科技项目立项申请审批表》对是否立项进行审批或者驳回；审查时应组织专家进行论证，对该领域的知识产权信息、相关文献及其他公开信息进行检索，对项目的技术发展状况、知识产权状况和竞争对手状况等进行分析，对已经公开的一些研究进行告知，避免重复研发，保证研究经费投入的合理性。

（3）研发部根据研发计划建立研发组织，并对其成员进行研发前培训并签署保密协议。

（4）研发活动中要对研发过程的关键成果及数据进行记录，研发组织在研发活动中定期对关键技术检索，出具检索报告，如果出现关键技术已有报道的情况，及时修改研发策略。

（5）研发成功后对研发成果进行检索，出具检索报告，如果出现关键技术已有报道的情况，及时修改研发策略继续研发直至研发成果具有新颖性；对具有新颖性的研发成果提出知识产权申请。

（6）知识产权管理部对研发成果进行评审和需要公布的内容进行审查，及时报告研究开发成果。

（7）合作研发/委托研发，知识产权管理部应当审查合同中双方知识产权的权利、责任、研发成果的权属、保密条款及违约后的处理方式等条款；并在研发过程中做好监控工作。

视频播放网站应当如何做好日常知识产权管理工作？

视频播放网站常由于播放未经著作权人许可的视频作品而陷入著作权纠纷之中。在著作权纠纷案件中，视频播放网站多被判败诉。视频播放网站需在日常做好知识产权管理工作解决著作权问题。

（1）视频播放网站加强内部控制。

①对上传者进行“知识产权提醒”。

用户可能向视频播放网站上传合法的作品，也可能上传未经著作权人许可的作品。基于这种情况，视频播放网站应对上传者进行“知识产权提醒”。提醒上传者注意上传作品的知识产权。

②使用合理的技术措施。

用技术来控制视频作品的使用与传播，维护著作权人的合法权益。通过开发防火墙技术、信息加密技术、水印加载技术、CA认证技术等，有效地阻止、限制或禁止不正当接触或复制视频作品的行为，保护著作权人的权益和视频作品信息安全。

③应尽到合理的注意义务。

作为专业的视频播放网站，理应对所经营的网站中哪些内容可能涉嫌侵权有一个最基本的认知。视频播放网站有承担通过删除、屏蔽等技术手段有效制止知识产权侵权行为的责任。当用户上传侵权视频作品时，视频播放网站必须承担起注意义务，积极采取删除措施。

（2）建立正版内容的商业模式。

①正版购买模式。

视频播放网站与版权方建立多种合作关系，通过购买授权的正版视频作品，获得网络播放权。

②战略合作模式。

为了解决著作权问题，许多视频播放网站基于共赢的目的，纷纷开拓新的合作模式，通过签署合作协议，共享视频版权内容，分享商业利益。

③自创视频作品。

通过购买方式获得正版视频作品，成本过于高昂。面对激烈的市场竞争，决定胜负的还是内容本身。视频播放网站可通过自己拍摄作品来充实视频网站的内容。这是视频播放网站在著作权纠纷不断的环境下需求新的生存之路的尝试。

第三章　文化科技融合产业知识产权典型案例

捷豹路虎有限公司起诉江铃控股有限公司侵权案
——浅谈如何提高外观设计权利的稳定性

【引言】

外观设计专利制度是推动设计创新的有利助手，也是提供专利产品独占实施的权利保障，随着我国工业设计水平的逐渐提高，企业也越来越重视产品外观设计的附加价值，而且消费者也对各类产品的“颜值”颇为看重，不少企业为更好地保护设计创造，纷纷进行了外观设计专利申请。是否某项申请被授予了外观设计专利权，即表明其必然能够成为维护自身权利的保障呢？为何一些重要的外观设计专利总被无效呢？本文以捷豹路虎有限公司（以下简称“路虎公司”）与江铃控股有限公司（以下简称“江铃公司”）侵权纠纷为例对此进行阐述。该案在业界影响较大，最终路虎公司维权成功，但维权过程一波三折，尤其是路虎公司和江铃公司各自的外观设计专利在 2016 年 6 月均被国家知识产权局宣告无效，使得维权之路更为困难。下面笔者结合该焦点案情，探讨了双方专利均被无效的法律依据和缘由，并借此归纳出一些提高外观设计权利稳定性的策略。

【案情简介】

2016年，路虎公司向北京朝阳区法院递交了一份侵权诉讼，内容是起诉江铃公司生产销售的陆风X7抄袭揽胜极光的车型（如图3-1所示）及设计图的著作权（专利号为ZL201130436459.3，如图3-2所示），同时构成擅自使用知名商品特有装潢的不正当竞争。但江铃公司却回应称，陆风X7有自己的外观专利权（专利号为ZL201330528226.5，如图3-3所示），否认自己抄袭揽胜极光。

（a）陆风X7

（b）揽胜极光

图3-1 陆风X7与揽胜极光车型对比

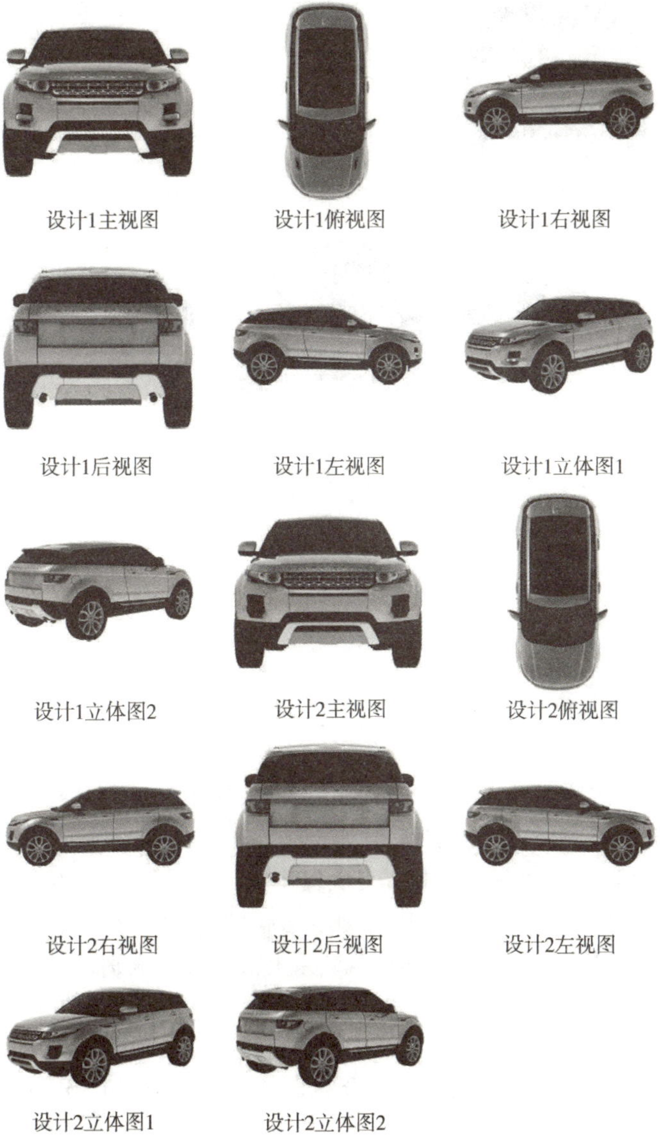

图3-2 揽胜极光车型设计图

图 3－3　陆风 X7 外观设计图

在此之前，双方均已向国家知识产权局提出对方专利无效的请求。针对路虎公司提出的江铃公司拥有的陆风 X7 的外观设计无效请求，（原）国家知识产权局专利复审委员会于 2016 年 6 月 3 日公布的第 29146 号决定书认为："江铃公司的陆风 X7 外观设计专利与路虎公司的揽胜极光在整体视觉效果上没有明显区别，因此涉案专利（陆风 X7）不符合《专利法》第二十三条第二款的规定。"[1]

另外，针对江铃公司提出的路虎公司拥有的揽胜极光的外观设计无效请求，国家知识产权局专利复审委员会于 2016 年 6 月 3 日

[1] 国家知识产权局专利复审委员会第 29146 号决定书。

公布的第 29147 号决定书认为："揽胜极光在 2010 年 12 月 21 日至 12 月 27 日在广州国际车展上公开展览，揽胜极光的外观设计专利的设计 1 相对于车展上展览的'揽胜极光双门版'构成实质相同，不符合《专利法》第二十三条第一款的规定，同时，揽胜极光的外观设计专利的设计 2 相对于车展上展览的'揽胜极光四门版'在视觉效果上没有明显区别，不符合《专利法》第二十三条第二款规定"。[1]

由此，专利复审委员根据双方提供的证据，对陆风 X7、揽胜极光各自对应的外观设计专利进行了确权审查。

陆风 X7 是因为与揽胜极光在整体视觉效果上无明显区别而被无效，究其根本原因是陆风 X7 作为一款汽车，消费者关注到的部位包括整体的轮廓、前脸、后脸、侧面车身、车顶、车窗、轮眉等部位，而这些部位的设计与揽胜极光均基本相同，仅存在一些细节的变化，对于一般消费者而言，并不足以构成明显的视觉差异，因此不符合《专利法》第二十三条第二款的规定。

揽胜极光则是因为与其申请的外观设计非常接近的产品在申请日之前已经公开展览而导致其不符合《专利法》的相关规定。路虎揽胜极光最早在 2010 年 10 月的巴黎车展首秀，并在当年 12 月亮相中国。此前，路虎在英国注册了外观设计专利，申请日为 2007 年 12 月 5 日，公布日期是 2008 年 12 月 30 日。但是，路虎公司疏忽了在中国的专利申请，直至 2011 年 11 月 24 日才向中国国家知识产权局提交了该车型的专利申请，但申请日前与该设计接近的产品因公开成为现有设计，因此导致不符合第二十三条第一款、第二款的规定。

综上，揽胜极光的外观设计专利、陆风 X7 的外观设计专利双双在 2016 年 6 月左右被宣布无效。

---

[1] 国家知识产权局专利复审委员会第 29147 号决定书。

2018 年 3 月，北京知识产权法院撤销了上述无效决定，但 2018 年 11 月，北京市高级人民法院的二审判决撤销了一审判决，支持了国家知识产权局的无效决定。

2019 年 3 月，北京市朝阳区人民法院依据不正当竞争法、著作权法裁定，江铃公司生产的陆风 X7，有 5 项车型设计抄袭了路虎公司的揽胜极光的设计，在消费者中造成混淆，下令江铃公司必须停止侵权，现款陆风 X7 停止销售。

【点评分析】

路虎公司因为申请日的延误导致其获得的外观设计专利权被无效，最终导致其丧失了外观设计专利权这一有力的维权保障，导致维权一波三折。笔者认为此案可以作为前车之鉴，企业在寻求外观设计保护时可以参考以下要略，以更好地利用我国外观设计保护制度。

1. 申请前的保密与及时申请

我国的专利制度采用的是先申请制度，即《专利法》第九条规定："同样的发明创造只能授予一项专利权。……两个以上的申请人分别就同样的发明创造申请专利的，专利权授予最先申请的人。"外观设计又因为其自身的外在表现性，非常容易因忽视即被公开，如展览、广告等。在实际案例中申请人自身的无意公开多次发生，既有企业在先公开了其包装盒，包装盒上印有内装产品的照片，也有设计师在申请专利之前在公共论坛晒了自己的新设计，还有进行生产准备阶段未能签署保密协议而导致设计被公开。这些疏忽直接导致内装产品的外观被自己公开，无法获得外观设计专利权。因此，对于企业确定需要保护的设计，应在确稿后的第一时间先提交申请，确保占有较早的申请日，在占有申请日后再公开。

2. 申请时的设计取舍

外观设计作为一项专利权，其应符合公开换保护的宗旨，保护期限目前最多10年，10年后即进入公有领域。《专利法》第二十三条第二款的规定一方面提高了授权的标准，另一方面也能够保障上述宗旨的实现，即无明显区别的设计不能被授予专利权，其避免了同一公司采用一些较小的改动即可获得新的专利权，从而变相获得更长时间保护的问题。因此对于存在系列设计或存在某设计不断改进的企业来说，应该选择最核心的、最有设计特征、最能体现其创新内容的设计进行申请。如果在提交申请时，已经存在多项较为接近的设计的情况下，可以选择相似设计的合案申请方式，不仅成本降低，也避免了因为重复授权而导致后期被无效；而对于之后还会再逐步完善的设计，建议在保密的基础上做到基本完成原形设计后再提交申请，即主要的设计点已经明确，后期的更改只在于某些细节的变化，这才能保证自己申请的专利具有代表性，能够体现某一时期产品的主要共性。

3. 申请后对此类产品专利申请状况的了解

当获得一项外观设计专利权后，特别是对于即将实施生产的产品，应该尽快通过检索了解此类产品的专利申请状况，便于对自身拥有的权利有一个更加全面的认知，预防掉入他人的保护范围，以更好地判断后期是否继续实施生产制造。另外，在申请的设计公开后，可能很快会出现模仿抄袭的产品上市，此时需要做到知己知彼。比较可行的办法即在获得专利权后定期进行检索，可自行在公告信息中按类别检索，也可提交国家知识产权局检索中心进行专题检索。该方式能够保证第一时间获得竞争对手的专利信息，及时发现才能及时采取办法。若他人申请了极为接近的外观设计申请，在其产品还未抢占市场的情况下，可快速对其提出无效请求，这样不仅能够很好地提高后期维权的效率，还能减少自己在市场上的损失。

4. 申请后提前准备可能面对的无效程序

目前，在外观设计侵权诉讼中，被告通过对原告的专利权提出无效的方式已经较为普遍。因此为保证高效地处理好可能面对的被无效请求，建议应该防患未然，提前对企业的关键专利产品准备各种材料，如定期排查、及时发现是否存在申请日前无意公开或被恶意公开的可能；收集整理现有设计的状况以更好地了解惯常设计或常见设计的特征；收集案例佐证外观设计专利在某方面具有显著的视觉特征；了解该类产品惯用的组合手法，以防被提无效后措手不及、慌乱应战。

【相关知识】

对于外观设计专利，我国采用了前期的初步审查和后续的无效程序结合的方式，以保证授予的专利权的有效性。《专利法》第四十五条规定："自国务院专利行政部门公告授予专利权之日起，任何单位或者个人认为该专利权的授予不符合本法有关规定的，可以请求专利复审委员会宣告该专利权无效。"

另外，对于申请人来说，如果确实存在展览等需求需要提前公开的情形，一定要合理使用不丧失新颖性宽限期，关注享有新颖性宽限期的条件和日期。《专利法》有不丧失新颖性的宽限期的规定，即《专利法》第二十四条的规定"申请专利的发明创造在申请日以前六个月内，有下列情形之一的，不丧失新颖性：（一）在中国政府主办或者承认的国际展览会上首次展出的；（二）在规定的学术会议或者技术会议上首次发表的；（三）他人未经申请人同意而泄露其内容的。"此处需要注意：（1）展览会的要求是中国政府主办或者承认，学术会议的要求是国务院有关主管部门或者全国性学术团体组织召开的。（2）宽限期为6个月，即在展览后的6个月内提交专利申请，并提出不丧失宽限期的请求和相关证据即可享有，但超过6个月后才提交专利申请便无法享有该宽限期。揽胜极光是在参加广州国际车展后11个多月才提交的专利申请，因此无法享有宽限期。（3）他人未经同意而泄露的，必须在知晓或应当知晓该行为后的6个月内提交专利申请，并提出不丧失宽限期的请求和相关证据。这种情况多发生在合作对象的泄露、辞退员工的泄露等情况，应该多加关注。因此，对于出现上述情况后，做到及时申请并要求宽限期，保全证据才能最大程度地保证外观设计权利的稳定性。

综上，外观设计专利权看似容易获得，想要运用好实则需要足够的策略与智慧。本文仅是抛砖引玉，借助此案介绍了一些外观设计保护中的注意点，相信大家都能从中思考出更多的问题，获得更多的启发。

“练歌录音房”外观设计专利权无效案

——关于不丧失新颖性的公开

【引言】

本案涉及共享KTV侵权及无效之争。咪哒minik所属艾美科技的法定代表人张辉起诉友唱等侵权、抄袭其外观设计专利，并对包括友唱的投资方友宝在线科技股份有限公司等在内的三家公司提出索赔1.6亿元。侵权诉讼基于的专利被提起无效宣告请求，且被宣告无效。无效宣告所基于的证据与涉案专利外观设计极为接近，也为咪哒minik产品，疑似涉案专利产品的在先公开。专利权人随后主张其应对该公开享有不丧失新颖性宽限期，但未得到专利局的认可。本案或因缺乏知识产权保护意识，在申请专利之前将创新产品提前公开，导致巨额赔偿化为泡影，对创新主体具有一定警示作用。

【案情简介】

本案涉及专利号为ZL201530160717.8的外观设计专利，使用该外观设计的产品名称为“练歌录音房（斜角）”，其申请日为2015年5月25日，专利权人为张辉。

2017年，张辉诉广州市名宸电子有限公司（以下简称“名宸公司”）、厦门市前沿科技开发有限公司（以下简称“前沿公司”）、北京友宝在线科技股份有限公司（以下简称“友宝公司”）侵害其外观设计专利权。

张辉诉称：“友唱M－Bar”练歌录音房在外观设计上模仿了涉案专利，并在全国各地上百处商场中均有摆放、经营。“友唱M－Bar”练歌录音房由名宸公司制造，由前沿公司经营，且在“友唱M－Bar”练歌录音房上还使用了前沿公司的“友唱”“M－Bar”商标，因此名宸公司、前沿公司均实施了侵犯涉案外观设计专利权的行为。友宝公司是前沿公司的控股公司，其发布包括“友唱”在内的自助平台推广公告和对外投资公告，与前沿公司具有意思联络，友宝公司与前沿公司构成共同侵权。由于制造并销往全国各地的被诉侵权产品数量巨大，其侵权行为严重损害了张辉基于涉案外观设计专利权而享有的合法权益，给张辉造成了高额经济损失。请求判令被告立即停止制造、销售、许诺销售侵犯涉案专利产品的行为，共同赔偿张辉经济损失人民币1.6亿元。

广州知识产权法院于2017年3月1日立案后，前沿公司、友宝公司于提交答辩状期间对管辖权提出异议。广州知识产权法院于2017年4月17日作出（2017）粤73民初654号民事裁定，驳回前沿公司、友宝公司对该案管辖权提出的异议。前沿公司、友宝公司不服该裁定，向广东省高级人民法院提起上诉。广东省高级人民法院于2017年6月9日作出（2017）粤民辖终306号民事裁定，撤销广州知识产权法院（2017）粤73民初654号民事裁定，裁定由广东省高级人民法院审理本案，并于 2017 年 7 月 25 日立案后，依法进行审理。

在此过程中，2017 年 3 月至 4 月间，北京雷石天地电子技术有限公司（以下简称“雷石公司”）、名宸公司、前沿公司分别请求宣告涉案专利专利权无效，（原）国家知识产权局专利复审委员会（以下简称“复审委”）予以受理，因三个请求的部分证据重叠，遂合并审理。案件涉及的无效理由为《专利法》第二十三条第一款、第二款以及第九条第一款，证据数量多且类型复杂，证据最多的一个请求包含了 37 份证据，主要涉及网络报道、网络视频、专利、公证书等。在审理中，一篇来自微信公众号的证据引起了复审委的关注，如图 3－4 所示，“游艺风”微信公众号 2015 年 3 月 21 日发布的文章中包含的图片所公开的产品外观与涉案专利非常接近，甚至顶棚也有咪哒 minik 字样，其公开日期早于涉案专利申请日，构成了涉案专利的现有设计。据此，复审委于 2017 年 7 月 28 日作出第 32945 号无效宣告请求审查决定（以下简称“第 32945 号决定”），以该证据宣告涉案专利全部无效。在无效审理过程中，除了该证据，还有其他证据也显示涉案专利产品在申请日前已经公开，来源甚至包括专利权人公司的官网，疑似专利权人在 2015 年 5 月 25 日进行涉案专利申请之前就已经公开发布了其产品的外观设计。

（a）涉案专利　　（b）对比设计

图 3－4　涉案专利外观与对比设计

复审委于2017年8月2日将第32945号决定寄送各方当事人及广州知识产权法院。

名宸公司、前沿公司向广东省高级人民法院提交了第32945号决定，用于证明涉案专利已被宣告专利权全部无效。广东省高级人民法院认为复审委作出的第32945号决定系国家机关依法出具的文件，且为新形成的证据，经各方当事人质证，确认该证据的真实性、合法性、关联性，可以作为认定本案事实的依据。鉴于在本案审理过程中涉案专利已被复审委宣告无效，广东省高级人民法院于2017年9月14日作出（2017）粤民初57号民事裁定书，驳回张辉的起诉。

2017年9月25日，专利权人向专利局提出不丧失新颖性宽限期的请求，主张其在收到第32945号决定时得知他人未经允许泄露其设计。专利局于2018年1月15日发出视为未要求不丧失新颖性宽限期通知书，指出：复审委于2017年5月17日将相关证据邮寄送达专利权人，2017年6月1日推定为收到日，专利权人此时应当得知了该证据，其在2017年9月25日提出不丧失新颖性宽限期的要求，明显超出了《专利审查指南2010（修订版）》规定的申请人应当在得知情况后2个月内的期限，即其新颖性宽限期不成立。

此外，专利权人在收到第32945号决定后，亦于2017年9月15日向北京知识产权法院起诉复审委，要求撤销该决定。北京知识产权法院经审理，作出（2017）京73行初7078号行政判决，认为上述决定并无不当，但基于新的事实和理由仍然应当重新作出决定，因此撤销上述决定，令复审委在考虑张辉不丧失新颖性宽限期的主张及其证据材料的基础上重新审查是否应当予以宣告无效。复审委向北京市高级人民法院提出上诉，认为不丧失新颖性宽限期是在决定作出之后提出的，且专利局已经对不丧失新颖性宽限期进行了审查，在专利局已经给出不丧失新颖性宽限期不成立的情况下，复审委没有进一步审查的基础，也没有重新审查的必要，因此请求撤销上述判决，维持第32945号决定。目前，此案还在审理中。

【点评分析】

本案的争议焦点在于涉案专利对于该在先公开能否享有不丧失新颖性宽限期。

根据《专利法》第二十四条的规定，申请专利的发明创造在申请日（享有优先权的指优先权日）之前6个月内有下列情况之一的，不丧失新颖性：

（1）在中国政府主办或者承认的国际展览会上首次展出的；

（2）在规定的学术会议或者技术会议上首次发表的；

（3）他人未经申请人同意而泄露其内容的。

本案专利权人主张的是第三种情形。

《专利审查指南2010（修订版）》第一部分第一章6.3.3他人未经申请人同意而泄露其内容，明确规定：

"他人未经申请人同意而泄露其内容所造成的公开，包括他人未遵守明示或者默示的保密信约而将发明创造的内容公开，也包括他人用威胁、欺诈或者间谍活动等手段从发明人或者申请人那里得知发明创造的内容而后造成的公开。

"申请专利的发明创造在申请日以前六个月内他人未经申请人同意而泄露了其内容，若申请人在申请日前已获知，应当在提出专利申请时在请求书中声明，并在自申请日起两个月内提交证明材料。若申请人在申请日以后得知的，应当在得知情况后两个月内提出要求不丧失新颖性宽限期的声明，并附具证明材料。审查员认为必要时，可以要求申请人在指定期限内提交证明材料。

"申请人提交的关于他人泄露申请内容的证明材料，应当注明泄露日期、泄露方式、泄露内容，并由证明人签字或者盖章。

"申请人要求享有不丧失新颖性宽限期但不符合上述规定的，审查员应当发出视为未要求不丧失新颖性宽限期的通知书。"

本案专利权人主张申请日之后得知的情形，根据《专利审查指南2010（修订版）》的规定，其应在得知情况后2个月内提出要求不丧失新颖性宽限期的声明。专利权人认为复审委2017年5月17日发出的转送文件通知书，系发送给其申请阶段委托的专利代理机构，未发送给其无效阶段委托的公民代理，因此专利权人未收到该证据，主张其收到第32945号决定方得知泄露情形。本案中，由于专利权人申请阶段委托的代理机构为全程代理，且未在无效程序中解除委托，而其在无效阶段委托的公民代理并无接收转送文件的权限，因此复审委将证据转送专利权人委托的专利代理机构，因而应以相关文件的转送文件收到日作为专利权人得知该泄露情形的时间点。复审委于2017年5月17日将相关证据邮寄送达专利权人委托的专利代理机构，2017年6月1日推定为收到日，专利权人此时应当已得知了该证据，所以专利权人于2017年9月25日提出不丧失新颖性宽限期的要求，明显已经超出了《专利审查指南2010（修订版）》规定的2个月期限。专利局据此认为涉案专利对该在先公开不能享有不丧失新颖性宽限期。

另外，专利权人提出不丧失新颖性宽限期的证据，出自与其存在利害关系的双方，不涉及第三方，且并无其他佐证，不足以证明其所主张的他人未经同意泄露的事实。因此，笔者认为其在事实上也不能享有不丧失新颖性宽限期。

本案对于加强知识产权保护意识方面具有较为典型的警示意义。近年来，我国大力加强知识产权保护的宣传工作，但是仍存在创新主体在创业初期，为了达到一定商业目的，在研发了创新程度较高的发明创造之后，尚未申请专利便对外公开，破坏了后续专利申请的新颖性，导致其无法得到专利法的保护。笔者在此提醒广大创新主体进一步提高知识产权保护意识，切勿在进行专利申请之前公开发明创造。

【相关知识】

新颖性宽限期是指在申请人在申请专利之前公开其发明创造后仍然可以申请专利而不丧失新颖性的宽限期限，该期限使发明创造在申请日前一定时间内的公开不构成现有技术或设计。宽限期仅仅是把申请人（包括发明人）的某些公开，或者第三人从申请人或发明人那里以合法手段或者不合法手段得来的发明创造的某些公开，认为是不损害该专利申请新颖性和创造性的公开。新颖性宽限期的规定是先申请专利制度下，对申请人在申请日前公开其发明创造行为的一种救济措施，是对现有技术或设计认定的一种例外，其本质作用在于给申请人在申请日前的不得已的公开行为提供保护。

本案仅涉及《专利法》第二十四条不丧失新颖性宽限期的第三种情形，对于符合前两种情形创新主体，在申请专利时就应提出要求不丧失新颖性宽限期的声明，并提供相应证明，具体规定如下：

申请专利的发明创造在申请日以前6个月内在中国政府主办或者承认的国际展览会上首次展出过或在规定的学术会议或者技术会议上首次发表过，申请人要求不丧失新颖性宽限期的，应当在提出申请时在请求书中声明，并在自申请日起2个月内提交证明材料。

国际展览会的证明材料，应当由展览会主办单位出具。证明材料中应当注明展览会展出日期、地点、展览会的名称以及该发明创造展出的日期、形式和内容，并加盖公章。学术会议和技术会议的证明材料，应当由国务院有关主管部门或者组织会议的全国性学术团体出具。证明材料中应当注明会议召开的日期、地点、会议的名称以及该发明创造发表的日期、形式和内容，并加盖公章。

通过这三种情形的相关规定，不难看出，我国规定的新颖性宽限期属于狭义宽限期的范畴，对享有不丧失新颖性宽限期有着相对严格的条件。因此，笔者认为创新主体在发明创造完成后应尽快进行专利申请以获得较早的申请日，避免在申请前公开的情况发生。

侵害“一种在平板玻璃内雕刻三维图案的方法和装置”发明专利权纠纷案

——方法专利权的保护范围及侵权判定思路

【引言】

本案涉及“一种在平板玻璃内雕刻三维图案的方法和装置”的发明专利，原告以被告为生产经营目的制造、销售的“三维激光内雕机”产品所采用的技术方案包含了涉案专利权利要求的全部技术特征为由主张被告构成侵权，请求法院判令被告停止侵权并赔偿其经济损失300万元。被告则辩称被控侵权行为并未落入涉案专利权利要求的保护范围，且被控侵权技术方案为现有技术方案的简单组合。北京知识产权法院在本案中进一步阐述了方法专利权利要求保护范围确定的方法及技术特征划分的依据，明晰了侵害方法专利权的判定思路，并对现有技术抗辩与侵权成立与否的审理顺序、现有技术抗辩是否成立的具体认定规则等问题作出了较为详尽的解释。本案判决不仅对侵害方法专利权纠纷案件的审理具有一定的指导意义，亦是充分发挥司法审查职能，指引方法发明创造申请人尽可能地完善专利申请文件的撰写，以保证其所获得的专有权范围与其对社会的贡献度相适应，进而使得真正有创造性的发明创造取得授权和获得保护的有力体现。

【案情简介】

本案原告系名称为“一种在平板玻璃内雕刻三维图案的方法和装置”的发明专利的专利权人。原告诉称被告为生产经营目的制造、销售的“三维激光内雕机”产品所采用的技术方案包含了涉案专利权利要求1、4的全部技术特征，构成了对涉案专利权的侵害，故请求法院判令被告停止侵权并赔偿其经济损失300万元。被告则辩称被控侵权行为并未落入涉案专利权利要求的保护范围，且被控侵权技术方案为现有技术方案的简单组合。

北京知识产权法院经审理认为：

关于被控侵权技术方案是否属于现有技术。被告据以提出该项抗辩的证据1－3或仅公开了激光内雕机的相应工作原理，或未公开反射镜系统，或未公开振镜，均未整体公开被诉落入涉案专利权保护范围的全部技术特征，故法院对被告的现有技术抗辩不予支持。

关于被控侵权技术方案是否落入涉案专利权利要求1的保护范围。第一，原告以权利要求1指控被告侵害其专利权的具体行为为被告使用了权利要求1所限定的方法，但原告提交的在案证据仅用以证明被告为被控侵权产品的制造商，而并未提交能够证明被告为生产经营目的使用被控侵权产品并按照权利要求1限定的方法、步骤具体从事平板玻璃的内雕工作的相关证据。故原告主张被告使用了权利要求1限定的技术方案，缺乏事实依据。第二，即便推定为确保被控侵权产品满足相应的质量要求，被告在被控侵权产品出厂之前会对该设备进行测试而具体使用被控侵权产品进行相应的内雕工作，仍须判断被控侵权技术方案所体现的方法、步骤是否全面覆盖了权利要求1限定的全部技术特征。权利要求1请求保护一种在平板玻璃内雕刻三维图案的方法，具体可划分为六个技术特征，其中，原被告的争议主要集中于对设定振镜位移路径范围以及移动振镜进行具体内雕操作步骤的理解。在原被告均认可被控侵权技术方案是基于载物平台运动、振镜不动而完成平面玻璃内雕工作的基础上，被控侵权技术方案中的“扫描路径”应为载物平台移动的路径，与权利要求1限定的振镜的“位移路径”并非相同的技术特征。同时，结合权利要求1及涉案专利说明书的相关记载，本领域技术人员可以获知涉案专利是通过采用运动质量及运动惯量小的振镜系统的移动，从而减少因移动质量大、惯量大的载物平台的运动所导致的振动，以提高激光坐标点的三维定标的精确度，提高雕刻的质量及速度。即“载物平台运动、振镜系统不动”以配合完成内雕的技术手段为涉案专利所需要克服的现有技术所存在的技术缺陷。原告主张被控侵权技术方案中的“扫描路径”与权利要求 1 限定的“位移路径”构成等同，实质上是将涉案专利说明书中明确记载的其欲克服的现有技术中存在的技术缺陷的技术方案纳入涉案专利的保护范围，缺乏事实及法律依据。基于如上基本相同的理由，被控侵权技术方案既不存在与权利要求 1 限定的关于移动振镜进行具体内雕操作步骤相同的特征，亦不存在与上述特征等同的特征。

关于被控侵权技术方案是否落入涉案专利权利要求 4 的保护范围。权利要求 4 请求保护一种实现如权利要求 1 所述的在平板玻璃内雕刻三维图案的方法的平板玻璃内雕刻装置，具体可划分为五个技术特征。被控侵权技术方案中至少激光源的固定位置及光的出射方向、反射镜系统的具体结构及振镜的固定位置与权利要求 4 限定的相关特征既不相同亦不等同。

综上，在案证据不能证明被控侵权技术方案涵盖了涉案专利权利要求 1、4 限定的全部技术特征，即被控侵权行为未落入涉案专利权利要求 1、4 的保护范围。因此，判决驳回原告的诉讼请求。原被告均未提出上诉，本案一审判决现已生效。

【点评分析】

方法专利，通常表现为一种为达到某种技术效果或为实现某种技术功能而由特定的程序或步骤所组成的技术方案。产品专利的保护以“产品”为中心，其权利范围仅及于该技术方案所指向的特定产品；而方法专利的保护则以“方法为主、产品为辅”，其权利范围不但在于该技术方案所描述的具体程序或步骤，亦包括依照该技术方案所描述的具体程序或步骤所直接获得的产品。根据《最高人民法院关于审理侵犯专利权纠纷案件应用法律若干问题的解释》第七条的规定，判定被诉侵权技术方案是否落入方法专利权的保护范围，应当审查权利人主张的权利要求所记载的全部技术特征。即全面覆盖原则。若被诉侵权技术方案包含与权利要求记载的全部技术特征相同或者等同的技术特征，则应当认定其落入专利权的保护范围；若被诉侵权技术方案的技术特征与权利要求记载的全部技术特征相比，缺少权利要求记载的一个以上的技术特征，或者有一个以上技术特征不相同也不等同的，则应当认定其没有落入专利权的保护范围。

本案涉及一种在平板玻璃内雕刻三维图案的方法，根据《专利法》第十一条的规定，其权利范围包括未经专利权人的许可，他人不得为生产经营目的使用其专利方法以及使用、许诺销售、销售、进口依照该专利方法直接获得的产品。而使用专利方法是指权利要求记载的专利方法技术方案的每一个步骤均被实现。本案中，原告提交的在案证据仅用以证明被告为被控侵权产品的制造商，而并未提交能够证明被告为生产经营目的使用被控侵权产品并按照权利要求 1 限定的方法、步骤具体从事平板玻璃的内雕工作的相关证据。即原告并未提交证据证明被告一一实现了权利要求 1 记载的专利方法技术方案的每一个步骤。故法院未予支持原告关于被告使用了权利要求 1 限定的技术方案的主张。

退一步讲，即便推定为确保被控侵权设备满足相应的质量要求，被告在被控侵权产品出厂之前会对该设备进行测试而具体使用被控侵权设备进行相应的内雕工作，仍应判断被控侵权产品所采用的技术方案，即被控侵权技术方案所体现的方法、步骤是否全面覆盖了权利要求 1 限定的全部技术特征。

首先，技术特征的比对应当以涉案专利权利要求技术特征的划分为前提。通常而言，技术特征划分得越细致，认定被诉侵权技术方案包含了与涉案专利权利要求记载的全部技术特征相同或者等同的技术特征的难度愈大，即认定被控侵权行为构成侵权的难度系数愈大；反之，认定被控侵权行为构成侵权的难度系数愈小。最高人民法院在（2012）民申字第 137 号案件中曾明确指出，划分权利要求的技术特征时，一般应把能够实现一种相对独立的技术功能的技术单元作为一个技术特征，不宜把实现不同技术功能的多个技术单元划定为一个技术特征。就理论而言，任何特定的诸如部件或步骤等技术单元均客观上具有一定的功能。而根据不同的标准，对特定技术方案之技术单元的划分可能存在无数的可能性。因此，所谓“相对独立的技术功能”应当以该功能为涉案专利技术方案所不可或缺的，对其欲实现的技术效果具有实质性影响的功能为确定标准。本案中，权利要求 1 限定的关于移动振镜进行具体内雕操作的三个步骤功能相对独立，不宜将之划定为一个技术特征。

其次，所谓全面覆盖，包括被诉侵权技术方案包含与权利要求记载的全部技术特征相同或者等同的技术特征两种情形。源于技术的发展、语言表达的局限性等原因，在侵犯专利权纠纷案件中，适用等同原则判断被控侵权行为是否落入涉案专利的保护范围，是保障专利权人利益的应有之义。但专利权人基于专利权所获得的利益应当与其作出的贡献相适应，且专利制度本身需要确保专利权的保护范围具有足够的法律确定性和可预见性，以避免因等同原则的滥用而导致保护范围缺乏确定性而损害社会公众的利益。可见，等同原则的适用应当与权利要求的公示性相适应，以兼顾专利权人利益与社会公众的利益。《专利法》第五十九条第一款规定，发明或者实用新型专利权的保护范围以其权利要求的内容为准，说明书及附图可以用于解释权利要求的内容。即权利要求为确定发明或实用新型专利权保护范围的基础性文件，应当根据权利要求的记载，结合本领域普通技术人员阅读说明书及附图后对权利要求的理解，确定权利要求的内容。《最高人民法院关于审理侵犯专利权纠纷案件应用法律若干问题的解释》第三条第一款亦规定，对于权利要求，可以运用说明书及附图、权利要求书中的相关权利要求、专利审查档案进行解释。说明书对权利要求用语有特别界定的，从其特别界定。本案中，涉案专利说明书记载有“载物平台运动、振镜系统不动”以配合完成内雕的技术手段为该专利所需要克服的现有技术所存在的技术缺陷。参照《最高人民法院关于审理侵犯专利权纠纷案件应用法律若干问题的解释》第五条的规定，“举重以明轻”，在说明书中明确记载的涉案专利欲克服的现有技术中存在的技术缺陷的技术方案，权利人亦不得在侵犯专利权纠纷案件中将其纳入保护范围。本案中，原告主张被控侵权技术方案中的“扫描路径”与权利要求 1 限定的“位移路径”构成等同，实质上即是将涉案专利说明书中明确记载的其欲克服的现有技术中存在的技术缺陷的技术方案纳入涉案专利的保护范围，法院对之不予支持。

最后，关于现有技术抗辩与侵权成立与否的审理顺序问题。《专利法》第六十二条规定，在专利侵权纠纷中，被控侵权人有证据证明其实施的技术或者设计属于现有技术或者现有设计的，不构成侵犯专利权。《最高人民法院关于审理侵犯专利权纠纷案件应用法律若干问题的解释》第十四条规定，被诉落入专利权保护范围的全部技术特征，与一项现有技术方案中的相应技术特征相同或者无实质性差异的，人民法院应当认定被诉侵权人实施的技术属于《专利法》第六十二条规定的现有技术。可见，若被控侵权行为所采用的技术方案与现有技术方案相同或者无实质性差异，则可以径行认定被控侵权行为未侵犯专利权，而无需再行认定被控侵权行为是否落入涉案专利的保护范围。本案中，被告明确主张被控侵权技术方案属于现有技术，故在判断被控侵权行为是否落入涉案专利的保护范围前，法院先行审查了被告的现有技术抗辩是否成立。

判断现有技术抗辩是否成立，应当以被诉落入专利权保护范围的全部技术特征与一项现有技术方案中的相应技术特征“相同”或者“无实质性差异”为标准。最高人民法院在（2012）民申字第

18 号案件中曾明确指出，审查现有技术抗辩时，可以以专利权利要求为参照，确定被诉侵权技术方案中被指控落入专利权保护范围的技术特征，并判断现有技术是否公开了与之相同或者等同的技术特征。可见上述规定中“无实质性差异”应当是指被诉落入专利权保护范围的相应技术特征与一项现有技术方案中的相应技术特征等同。本案中，被告提交的相关证据单独均未公开与被诉落入涉案专利权保护范围的技术特征相同或等同的技术特征，故法院对其现有技术抗辩未予支持。

【相关知识】

若被控侵权行为所采用的技术方案与现有技术方案相同或者无实质性差异，则可以径行认定被控侵权行为未侵犯专利权，而无需再行认定被控侵权行为是否落入涉案专利的保护范围。判断现有技术抗辩是否成立，应当以被诉落入专利权保护范围的全部技术特征与一项现有技术方案中的相应技术特征“相同”或者“无实质性差异”为标准。所谓“无实质性差异”是指被诉落入专利权保护范围的相应技术特征与一项现有技术方案中的相应技术特征等同。

判断被控侵权行为是否侵害方法专利权，应根据《最高人民法院关于审理侵犯专利权纠纷案件应用法律若干问题的解释》第七条的规定，判断被控侵权技术方案所体现的方法、步骤是否全面覆盖了涉案专利权利要求限定的全部技术特征。所谓全面覆盖，包括被诉侵权技术方案包含与权利要求记载的全部技术特征相同或者等同的技术特征两种情形。技术特征的比对应当以涉案专利权利要求技术特征的划分为前提。划分权利要求的技术特征时，一般应把能够实现一种相对独立的技术功能的技术单元作为一个技术特征，不宜把实现不同技术功能的多个技术单元划定为一个技术特征。源于技术的发展、语言表达的局限性等原因，在侵犯专利权纠纷案件中，适用等同原则判断被控侵权行为是否落入涉案专利的保护范围，是保障专利权人利益的应有之义。等同原则的适用应当与权利要求的公示性相适应，以兼顾专利权人利益与社会公众的利益。在说明书中明确记载的涉案专利欲克服的现有技术中存在的技术缺陷的技术方案，权利人不得在侵犯专利权纠纷案件中将其纳入保护范围。

腾讯科技（深圳）有限公司、深圳市腾讯计算机系统有限公司与北京六间房科技有限公司侵害商标权及不正当竞争纠纷案

——竞价排名案件中侵害商标权的认定及法律责任的承担

【引言】

竞价排名作为一种网络商业推广模式，自推出以来便受到市场高度关注，并得以广泛应用和高速发展。与此同时，有关竞价排名引发的法律问题也不断出现。特别是在网络推广和流量争夺日趋白热化的今天，利用竞价排名实施侵害商标权和不正当竞争的行为有愈演愈烈的趋势，亟须依法规制。本案作为此类纠纷中较为的典型的一件，对于将他人商标文字设置为关键词并在链接标题和网页描述中展示的行为究竟属于描述性使用还是商标性使用进行了充分分析。同时，针对在互联网技术高速发展和服务模式不断创新环境下，新出现的服务形态与原有的软件运营服务［SaaS］是否属于类似服务这一问题，法官在查阅大量资料并进行深入思考后，得出了顺应技术发展趋势、回应市场法律需求的结论。另外，本案也是北京法院同类案件中涉及推广平台最多、支付推广费用最高、造成影响最大、判赔数额最高的案件，强有力地保护了权利人的合法权益，明确了大力加强知识产权保护的司法态度。

【案情简介】

两原告向法院起诉称，腾讯科技（深圳）有限公司（以下简称“腾讯科技公司”）系第42类（包括软件运营服务等）、第9类（包括可下载的计算机应用软件等）、第45类（包括在线社交网络服务等）上的“全民K歌”注册商标（以下简称“涉案商标”）的商标专用权人，深圳市腾讯计算机系统有限公司（以下简称“腾讯计算机公司”）获得涉案商标排他许可并运营“全民K歌”软件。经两原告多年推广、运营，“全民K歌”软件及涉案商标取得了极高的知名度。两原告发现在360网、搜狗网、必应网上，输入“全民K歌”“全民K歌官网”“全民K歌网页版”“全民K歌电脑版”“全民K歌电脑版官网”“全民K歌下载安装”“全民K歌电脑版在线登录”（以下统称“涉案关键词”）作为关键词进行搜索时，搜索结果置顶位置显示为六间房科技有限公司（以下简称“六间房公司”）的付费推广链接，点击上述链接后均跳转至六间房公司运营的在线社交网站“六间房网站”。两原告认为，六间房公司将涉案关键词设置为付费关键词的行为，构成商标侵权及不正当竞争，给两原告造成较大经济损失，故请求判令六间房公司停止商标侵权及不正当竞争行为、消除影响，并赔偿两原告经济损失500万元及合理开支10万元。

六间房公司辩称，就两原告主张的商标侵权行为，六间房公司就涉案关键词的使用行为并非商标性使用，也不构成相同或类似商品或服务，亦不会造成混淆或误认，故不构成商标侵权；就两原告主张的不正当竞争行为，六间房公司与两原告不存在竞争关系，且涉案竞价排名行为具有正当性，同时两原告就同一涉案行为同时主张商标侵权和不正当竞争构成重复诉讼；另外两原告主张的经济损失等无事实和法律依据。

法院经审理认为，六间房公司设置涉案关键词并在链接标题和网页描述中进行使用、展示的行为，目的是将搜索涉案关键词的相关公众吸引至六间房公司所经营的网站中，以获得流量和交易机会的增加，进而获取商业利益，故属于在商业交流和交易过程中将涉案关键词作为商业标识进行使用的商标性使用行为，而非描述性使用。

鉴于六间房公司网站向用户提供软件下载，且含有通过网络实时互动的在线社交功能，故与第9类及第45类的“全民K歌”商标的核定服务项目构成相同服务。至于第42类（包括软件运营服务）“全民K歌”商标，软件运营服务的特点是由服务商提供相对统一的、模块化的软件服务功能，从而使用户省去各自独立搭建软硬件环境以及软件开发的成本，甚至不必再进行软件安装。本案中，就六间房公司提供的在线视频直播服务而言，无论是主播还是用户，无论是通过浏览网页还是使用专门的软件，所获得的服务均来源于六间房公司所搭建的直播服务平台这一软件系统。与软件运营服务［SaaS］具有类似的效果和特点，故属于类似服务。

六间房公司在推广其网站和服务中对“全民K歌”的大量使用，足以导致搜索相关关键词的公众产生误认、混淆。综上，六间房公司构成商标侵权。鉴于涉案行为均已落入商标法的调整范围，故不再适用反不正当竞争法对其进行评判。

就经济损失而言，结合涉案商标的市场知名度较高、涉案关键词累计展示和点击次数较高、推广平台较多、六间房公司支付的推广费用较高，故一审判令六间房公司为两原告消除影响并赔偿经济损失300万元及合理开支3万元。

二审维持原判。

【点评分析】

本案审理的争议焦点在于，第一，将涉案商标设置为关键词并在链接标题和网页描述中进行使用、展示的行为是否属于商标性使用行为；第二，在互联网技术发展和服务模式创新环境下，对于出现的新型服务类型是否可以认定与软件运营服务构成相同或类似服务；第三，判赔数额的确定。

根据《商标法》第四十八条规定，商标的使用，是指将商标用于商品、商品包装或者容器以及商品交易文书上，或者将商标用于广告宣传、展览以及其他商业活动中，用于识别商品来源的行为。本案中，六间房公司在推广其经营的网站中，添加了涉案关键词作为搜索关键词，从而导致网络用户在搜索相关关键词时，六间房公司网站及所提供的服务的链接出现在搜索结果页面的第一条或其他显著位置，此种设置关键词并在链接名称及描述中使用涉案关键词的行为，以达到将搜索涉案关键词的相关公众引导至六间房公司网站为商业目的，该行为属于将涉案关键词作为商业标识的商标性使用行为。

根据《商标法》第五十七条第（二）项规定，未经商标注册人的许可，在同一种服务上使用与其注册商标近似的商标，或者在类似服务上使用与其注册商标相同或近似的商标，容易导致混淆的，属侵犯注册商标专用权之行为。本案中，“全民 K 歌”商标，其核定服务项目包括软件运营服务［SaaS］，软件运营服务又称软件即服务（Software as a Service）。在信息技术行业中通常指随着互联网技术的发展，将原本需要安装软件才能实现的功能，改由在线提供的软件服务。由于这种新的软件应用服务模式在很多领域以不同的方式进行着应用尝试和不断发展，所以对其具体含义也存在不尽相同的理解。对于网络发展环境下众多新兴领域中出现的新型软件应用服务模式，在认定是否与软件运营服务［SaaS］构成相同或类似服务上，应当基于该类服务由服务商提供相对统一的、模块化的软件服务功能的基本特点进行认定。本案中，六间房公司搭建直播服务平台系统，并向用户提供在网页即可实现的在线视频直播服务，该服务内容与软件运营服务［SaaS］具有类似的效果和特点，故属于类似服务。

根据《商标法》第六十三条第三款规定，权利人因被侵权所受到的实际损失、侵权人因侵权所获得的利益、注册商标许可使用费难以确定的，由人民法院根据侵权行为的情节判决给予300万元以下的赔偿。本案中，双方当事人均未提交足以直接证明实际损失及侵权获利的证据。在当前的互联网环境下，用户的直接付费并非是唯一甚至主要的收入来源，且涉案侵权行为给六间房公司网站所带来的流量和潜在用户的增加本身就具有极高的经济价值。在涉及竞价排名侵害商标权案件中，应充分审查和考量涉及推广平台数量、竞价排名用户推广付费情况、关键词点击和展示情况等。本案中，涉案关键词在搜狗、360、必应三个搜索平台中的累计展示次数达15834734次，累计点击次数达885830次，足见侵权情节之恶劣，侵权结果之严重。另外，六间房公司仅支付推广费用就达45余万元，而根据一般市场规律与常识判断，其由此所获得的各方面收益应当远高于其所支付的费用。因此，本案最终将赔偿数额确定在法定赔偿额的上限300万元。

本案对于当前搜索平台常见的竞价排名推广模式中，推广用户侵权设置、展示关键词的行为进行了有效规制。

【相关知识】

竞价排名推广是把企业的产品、服务等以关键词的形式在搜索引擎平台上进行推广，它是一种按效果付费的新型而成熟的搜索引擎广告，已经成为网络推广的新趋势。竞价排名的客户使用他人商标中的文字作为关键词，使网络用户在搜索该商标时，竞价排名客户的网站链接优先出现在搜索结果排名靠前的位置，搜索者可能误以为该链接是商标权人自己的网站，或者与商标权人有某种关联关系，不正当地利用他人商标所蕴含的商誉进行宣传。

近年来，国内已经因搜索引擎竞价排名而起的商标权侵权案件日益增多。据统计，北京市海淀区人民法院在2017年受理涉关键词商业推广案件16件，2018年受理32件，呈明显上升趋势。该数据表明，当前商标权利人针对他人将自己的商标设置为搜索关键词的竞价排名类侵权行为愈发注重维护自己的权利。与此同时，司法实践中对此类侵权行为的判赔力度也在不断加大。具体到本案，权利人获300万顶格判赔，使侵权人付出足够的侵权代价，给权利人提供了充分的司法救济。

在竞价排名这一新兴的网络营销模式不断发展的环境下，对于设置竞价排名的客户，在给其带来巨大利润的同时，也使其面临巨大的法律风险。竞价排名的客户在选择关键词时需以企业产品和服务为核心抓住客户搜索习惯及心理，不能单纯为了抓取用户眼球、扩大宣传效果，擅自将他人享有的文字商标或组合商标中的文字部分作为搜索引擎中使用的关键词。

戴敦邦诉黄双水、墨宝斋（北京）文化艺术有限责任公司侵害著作权纠纷案

——鼻烟壶内画技艺应有序传承

【引言】

鼻烟壶指的是盛鼻烟的容器，随着明末清初鼻烟传入国内而渐渐开始兴盛。鼻烟壶之所以受重视，是因为鼻烟壶汲取了书画、雕刻、镶嵌等工艺，采用内画、五彩、雕瓷、套料、巧作等技法，可谓是“集中各国多种工艺之大成的袖珍艺术品”。其中鼻烟壶内画技法已经列入了国家非物质文化遗产保护名录。以鼻烟壶内画技法为例，常见的鼻烟壶内画绘制往往以中国画为基础，艺术家在鼻烟壶内方寸大小的地方行诗作画，正是这种中国传统文化精髓与小壶

的结合，赋予了鼻烟壶雅俗兼备的艺术气质，纯手工的内画技艺使得鼻烟壶成为极具收藏价值的工艺美术品。所谓小壶里藏大乾坤，就是指鼻烟壶的艺术价值而言。那么我们应当如何传承和发展鼻烟壶内画技艺，如何让非物质文化遗产更好地服务于现代社会，让传统的文化资源变为现实的文化生产力，需要我们的传承人树立起尊重知识、崇尚创新、诚信守法的知识产权保护理念。本案即是较为典型的因鼻烟壶内画创作人临摹他人作品而被诉侵害著作权的案件，对于规制和引导鼻烟壶内画行业健康发展具有现实的指导意义。

【案情简介】

戴敦邦是著名的国画画家，是中国美术协会会员、上海美协理事、中国工笔画会理事、中国连环画研究会理事、上海交通大学教授。其从事绘画 50 多年，创作了大量具有影响力的画作。黄双水，又名黄三，其在《方寸天地——黄三论内画艺术》画册（以下简称《方寸天地》画册）登载了其制作的鼻烟壶照片，其中的鼻烟壶使用了戴敦邦的《菩萨蛮》《江南曲（其三)》等 14 幅美术作品，其在使用戴敦邦作品时有裁切、修改。墨宝斋（北京）文化艺术有限责任公司（以下简称“墨宝斋公司”）是黄双水的妻子陈英和儿子黄鹏共同出资成立的公司，该公司派送了《方寸天地》画册。戴敦邦认为黄双水将其作品内画到鼻烟壶上标注为自己的作品，并出版画册，构成对戴敦邦享有的署名权、修改权、复制权、发行权的侵害，故诉至法院要求判令黄双水在《法制日报》中缝以外版面连续 3 日刊登声明，进行赔礼道歉并赔偿经济损失 100 万元，并要求判令墨宝斋公司停止派送《方寸天地》画册。

黄双水和墨宝斋公司答辩称，黄双水临摹戴敦邦先生的作品是为个人学习、研究使用他人已发表作品，属合理使用；无论从内画技艺、还是新旧著作权法对于“复制”概念规定的变化，鼻烟壶内画的临摹都不属于著作权法意义上的复制行为，而是创作行为；因鼻烟壶的内壁非常狭小，鼻烟壶内画的创作者在绘制内画时须根据鼻烟壶的特性对临摹作品进行局部选取和改变，恰恰体现了内画创作者独特的思想、判断、技术和风格，对所临摹的作品进行一定的局部选取和结构改变是必然的，不侵害作品作者的修改权；黄双水已经在鼻烟壶底部为戴敦邦进行署名，在《方寸天地》画册也已经载明了画册所涉鼻烟壶临摹的作品名称及作者姓名，因此不构成对署名权的侵犯，不应当赔礼道歉。

法院审理查明：戴敦邦系中国美术协会会员、上海美协理事、中国工笔画会理事、中国连环画研究会理事、上海交通大学教授，其为涉案《江南曲（其三）》《菩萨蛮》《漫成一首》《江村晚眺》《秋圃文苑图》《品茗图》《新岁》《元宵》《春早》《立夏》《秋色》《中秋》《腊八》《珍惜》等14幅美术作品的绘制者。

黄双水在其制作的8个鼻烟壶上使用了戴敦邦的上述14幅美术作品，并在其与墨宝斋公司共同印制的《方寸天地》画册中予以刊载。对比戴敦邦的美术作品与《方寸天地》画册中鼻烟壶上的图案，两者画面主体部分一致，但鼻烟壶上的图案隐去了戴敦邦的提款印章，增加了题字及“黄三”的落款。从画册上无法看出对戴敦邦的署名。此外，鼻烟壶中的图案对原作进行了局部裁剪或个别颜色的改变。

诉讼中，黄双水向法院提交了8个鼻烟壶实物。将黄双水制作的鼻烟壶实物与《方寸天地》画册中刊登的作品相比较，其中有一个鼻烟壶与画册有明显差异，其余鼻烟壶实物与画册中的鼻烟壶相同。该8个鼻烟壶实物的侧面或底部可见“临戴敦邦笔意”的字样，与黄三署名位置不同。其中，“临戴敦邦笔意”字样从鼻烟壶实物的正面无法看出，且字样较之“黄三”明显缩小，难以辨认。黄双水称涉案制作的8个鼻烟壶各自只做了一个，未曾出售。

在淘宝网上有商品名为“黄三内画工作室内画鼻烟壶水晶鼻烟

壶作品《江南曲》”的销售，标价为120000元。显示的卖家为黄三内画工作室，展示销售的鼻烟壶上的《江南曲》使用了戴敦邦创作的《江南曲（其三）》。经向浙江淘宝网络有限公司调查证实，上述淘宝店的开店人为黄双水之子黄鹏。

法院经审理认定，黄双水将戴敦邦的作品通过内画方式临摹在鼻烟壶内壁的行为构成复制，黄双水将涉案鼻烟壶拍摄后置于《方寸天地》画册中发行，构成对戴敦邦作品复制权的侵犯。此外，由于黄双水对于戴敦邦的署名方式存在不当，亦认定黄双水侵犯了戴敦邦的署名权。基于临摹过程中对作品存在局部选取和改变，认定黄双水侵害了戴敦邦对作品的修改权。最终一审法院结合作品创作者的知名度、侵权产品的价值等因素判令黄双水赔偿戴敦邦经济损失42万元并进行公开赔礼道歉，判令墨宝斋公司停止派送《方寸天地》画册。

本案上诉，二审维持原判。

【点评分析】

本案争议的法律问题包括：第一、借助他人作品鼻烟壶内画行为是否构成著作权法意义上的复制行为；第二、应当如何在艺术品上为他人正确署名；第三、基于鼻烟壶内画技艺的限制，内画创作者能否对作品进行改动。以下分别论述。

一、借助他人作品鼻烟壶内画行为是否构成著作权法意义上的复制行为

首先，从法律规定来讲，如黄双水答辩意见所言，1991年施行的《著作权法》第五十二条规定，复制指以印刷、复印、临摹、拓印、录音、录像、翻录、翻拍等方式将作品制作一份或者多份的行为。但2001年《著作权法》修改后，其第十条第一款第（五）项在对复制权进行定义时，未再将临摹明确列举为一种复制方式。对于该变化，并非是著作权法将“临摹”排除出了复制方式，而是

立法者对于临摹行为的法律性质有了更为科学的认识。2001 年版《著作权法》与现行的 2010 年版《著作权法》对于复制权的定义相同，即“复制权，即以印刷、复印、拓印、录音、录像、翻录、翻拍等方式将作品制作一份或者多份的权利”。该规定采用的是不完全列举的方式，表明复制权所控制的复制行为实质是将作品制作一份或者多份的行为，手段既包括印刷、复印、拓印等明确列举的方式，亦包括其他能够实现前述效果的方式。临摹是否构成复制，不再一概而论，而应根据具体事实加以判断。倘若临摹达到了复制效果，则构成复制。

其次，就技艺的不同是否会对临摹行为法律性质的认定产生影响这一问题，著作权法保护的是作品的独创性表达，而非创作的过程。对于美术作品而言，其独创性体现在点、线、面组合而成的艺术造型，倘若高精度的临摹达到了再现他人作品独创性表达的程度，则不论该过程是否需要艰辛的劳动和高超的技艺，均因未产生新的点、线、面设计，而构成对他人作品的复制。就本案而言，黄双水在鼻烟壶内画上具有很高的技艺及艺术造诣，也为我国非物质文化遗产的传承作出了很大贡献。同时，不可否认鼻烟壶内画与国画创作技艺存在方法上的不同，但是，技艺的差异并不必然导致作品独创性的产生。本案中，黄双水自认涉案鼻烟壶系临摹戴敦邦作品制成，从结果上看，鼻烟壶实物上的作品与戴敦邦的美术作品两者画面主体部分一致。在此情况下，黄双水通过内画制作带有戴敦邦美术作品的鼻烟壶并将涉案鼻烟壶拍摄后置于《方寸天地》画册中发行的行为，构成对戴敦邦作品复制权的侵犯。

二、应当如何在艺术品上为他人正确署名

署名权是表明作者身份的权利，属于著作人身权的核心。著作权法确认著作权人享有署名权，根源在于作品是作者心智和劳动的结晶。因此应通过表明作者身份，真实反映出作品和作者之间的“血缘”联系，并通过法律保障这种联系。当然，署名也不是绝对

的，署名方式也不是一成不变的，还是要结合作品使用形式、载体等情况予以适当的、符合社会惯例的形式署名。少数情况下，不宜署名时不给作者署名也可能不构成侵犯署名权。

本案中，从黄双水的鼻烟壶实物在画册上刊登的情况来看，画册中没有反映出戴敦邦的署名；从鼻烟壶实物上看，虽然庭审过程中提交的鼻烟壶实物底部带有戴敦邦的署名，但该署名位置位于鼻烟壶的底部，且极难辨认，而黄双水在鼻烟壶实物中对自己署名的标注是清晰的且位于鼻烟壶正面国画显著位置。从两种署名方式的对比，可以看出黄双水的该种署名方式实际上割裂了美术作品作者戴敦邦与其作品之间的联系，反而容易让一般公众误认为黄双水系该美术作品的创作者。该种署名形式并不符合表明作者身份的社会惯例，属于不当的署名方式。作品使用过程中，使用人应当以不会使公众割裂作品与作者身份之间联系为目的，采取符合社会一般认知习惯的形式予以署名，如本案可采取“黄三内画 临戴敦邦笔意”并列排布的署名方式。

三、基于鼻烟壶内画技艺的限制，内画创作者能否对作品进行改动

《著作权法》第十条第一款第（三）项规定，修改权即作者享有的修改或授权他人修改作品的权利。目前对于修改权的认识存在不同理解。第一种观点认为修改权所控制的修改，是对作品内容作局部的修改以及文字、用语的修正。第二种观点认为修改权与保护作品完整权是一个问题的两个方面，具有相同含义。第三种观点是修改权是作者在作品发表之后因为思想、观点发生改变而修改其作品的权利。但是无论哪种观点，从法律的规定来讲，实际上对于修改权都是有一定的限制的，目的也是在于平衡作品使用者与作者意愿可能发生的冲突问题。例如，《著作权法》第三十四条第二款规定，报社、期刊社可以对作品作文字性修改、删节。本案中，之所以认定黄双水行为构成对戴敦邦修改权的侵犯，原因在于其未经许可使用了戴敦邦的美术作品，并将载有戴敦邦美术作品的鼻烟壶实物进行对外展示、销售，已经超出了合理使用的范畴。如果涉案人黄双水在实施上述行为前事先征得了戴敦邦的同意，即便没有单独就修改权的授权进行明确约定，如果该种内画临摹方式所呈现的作品形式没有不正当损害戴敦邦寄于美术作品中的表达本意，基于临摹载体、空间、技艺所限而适当截取、局部细节修改的使用行为，也不会被认定构成对美术作品修改权的侵犯。

【相关知识】

内画是中国特有的一种绘画形式，起源于鼻烟壶，已有 230 余年的历史。内画的画法是以特制的变形细笔，在口小如豆的瓶内反手内绘。一个精美的鼻烟壶的制作，离不开对于瓶坯造型设计以及绘图样式的设计取舍，对手绘者的手绘技艺、艺术鉴赏力等素养都有着极高的要求。

由于内画技艺的学习和掌握需要传承人付出长时间的努力，需要深厚的积淀，能够潜心传承内画技艺的年轻人并不多。如何将内画技艺传承和发展，不仅需要传承人秉持匠心去学习，也需要树立自主创新意识，让更多的非物质文化遗产走进现代生活。鼻烟壶是内画技艺的重要传承载体，如何让鼻烟壶内画得到更多人的接受和喜爱，离不开鼻烟壶艺术形态多样化的挖掘。内画手艺人要想自己制作的鼻烟壶艺术品能够经得起时间和市场的检验，就必须树立起尊重知识产权、保护原创的理念。在临摹美术作品的选择上，要树立起版权意识，防止因为版权问题造成自己潜心制作的艺术品因权利存在障碍而无法正常流通，进而影响其艺术价值的传播。

当然，并非所有的非原创作品均不可以临摹使用。我国著作权法为了平衡作者利益与社会公众利益，除了对著作权人的专有权利作出了时间限制外，法律还规定了一些其他著作权限制条款。例如《著作权法》第二十二条规定的 12 种合理使用的情况，包括为个人学习、研究或者欣赏，为介绍、评论某一作品或者说明某一问题等的使用方式。对于上述范围内的使用行为，在为他人署名情况下，使用人可以不征得作者许可，也不需要支付报酬。

但值得注意的是，前述合理使用方式有一个重要条件是均带有“非营利性使用”的特点；一旦产品完成后，进入流通领域，则可能会涉及对他人作品的复制权、发行权、出租权、展览权等其他著作财产权的侵犯。因而，如果手艺人只是借助他人作品学习研究内画技艺，则可以自由使用他人作品；但如果手艺人希望通过自己制作的工艺品进入流通领域，则可以考虑选择那些已经进入公有领域的文化遗产去完成工艺品的制作，或者自主创作，也可以在征得相关美术作品著作权人的许可后再行使用。这样既尊重了他人的智力劳动成果，同时也是对自己手中艺术品未来生命的呵护。

相信随着鼻烟壶内画形式的不断丰富和创新，鼻烟壶工艺品一定能够得到更多人群的青睐，鼻烟壶内画技艺也就能够重新焕发出时代生机，让内画技艺这门非物质文化遗产得到更好的传承和发展。

柳红诉吴晓波、中信出版股份有限公司、北京市新华书店王府井书店著作权权属、侵权纠纷案

——传记类文学作品著作权权属判定标准及侵权考量因素的认定

【引言】

在文化艺术创作领域，适当借鉴他人作品的思想、主题和写作思路，并结合自身的写作特点和写作技巧进行再次构思创作是一种普遍存在的现象。同一主题可以生发出不同的创作理念和创作诉

求，不同的作者在此基础上倾注自己的创造力和想象力，将其以全新的面貌呈现出来，这既是一种文学创作的通常路径，也广为大众所接受并津津乐道。在尊重创作规律和保护著作权人合法权益的基础上，合理的借鉴和参考是文化艺术创作领域传承、创新、发展的需要，我们应当充分理解、适度容忍他人对于已有作品的合理借鉴，只要付出过独创性的劳动，其创作都应得到尊重和认可。本案系涉及文学创作领域著作权侵权的典型案例，其中涉及传记类文学作品的属性、权属判定以及独创性的考查、思想与表达的界限等问题，具有较强的典型性和指导意义。

【案情简介】

本案是由两本以知名经济学家吴敬琏的生平、经历为写作题材的传记类文学作品所引发的著作权权属、侵权纠纷。本案原告柳红独立创作的《当代中国经济学家学术评论——吴敬琏》于2002年1月由陕西师范大学出版社公开出版发行，原告对该作品享有著作权。2010年2月，中信出版公司出版发行了由被告吴晓波署名的《吴敬琏传——一个中国经济学家的肖像》，该书在包括被告王府井书店在内的全国各大书店及网络均有销售。原告经过比对，发现被告图书剽窃了原告图书以及原告发表在《经济观察报》上的三篇文章——《布鲁斯：东欧来风》《奥塔·锡克：布拉格之风》《吴敬琏：夯实基础》的内容。

原告诉至北京市东城区人民法院，主张被告吴晓波作为知名作家，未经许可使用原告作品，侵犯了原告的署名权、修改权、复制权和发行权，中信出版股份有限公司及北京市新华书店王府井书店出版、销售涉案图书的行为，亦侵犯其著作权。故要求被告北京市新华书店王府井书店停止侵权，要求被告吴晓波及中信出版股份有限公司停止侵权、赔偿损失，并要求被告吴晓波就侵权行为向其登报致歉。

北京市东城区人民法院经审理认为：原告图书和被告图书均系以特定人物吴敬琏为对象的传记作品，但并不属于自传体作品。在传主吴敬琏与原告柳红、被告吴晓波之间无著作权权属约定的情况下，根据我国著作权法的相关规定，如无相反证明，在作品上署名的公民、法人或其他组织为作者。因此，原告柳红系原告图书的作者，被告吴晓波系被告图书的作者，依法各自享有对其创作图书的著作权。同时，原告柳红亦享有《经济观察报》所登载的三篇涉案文章的著作权。本案的争议焦点在于被告图书的诉争内容是否构成对原告图书及涉案文章的剽窃。本院根据原告柳红所主张的剽窃类型分别进行分析。

首先，关于原告柳红所主张的首度披露资料和其他文献剽窃的问题。该部分文献资料系原告柳红在其图书中引用的他人文章、发言、信件等资料，并非由原告柳红创作，原告柳红对该部分文献资料并不享有著作权，也无权排斥他人对于上述文献资料的使用。且从创作过程来看，原告柳红和被告吴晓波均对传主本人进行了深入采访，传主对两人的创作均提供了口述素材和一定的资料。因此，本院认为被告图书使用诉争文献资料并未构成对原告图书的剽窃。但是需要指出的是，原告柳红在引用诉争文献资料时做出引注，被告吴晓波在使用上述资料时并未作出引注，从创作规范性的角度来看，应当指出被告图书使用文献资料的规范性存有欠缺。

其次，关于原告柳红所主张的篇章结构剽窃的问题。原告所主张的篇章结构抄袭部分主要集中在传主吴敬琏的家庭背景和少年成长过程的撰写。由于传记类作品的写作一般来说有一定的规律性，按照时间顺序安排结构的写作思路本质上属于思想范畴，不应受到著作权法的保护，故不构成剽窃。

最后，关于原告柳红主张的原创作品剽窃的问题。本院在原、被告比对的基础上进行了比对。根据原告柳红的比对表及被告吴晓波提供的相应证据，本院的比对结果从局部和整体两个角度进行判断。从局部角度来看，原告柳红主张的32处涉嫌剽窃的内容，部分内容双方的表达并不相同，故不能构成剽窃。部分内容系原告柳红引自他人的文章或对他人话语的直接引用，原告柳红无权主张著作权。部分内容的表达相同或者相似，但该部分内容系有第三方来源，故不能构成剽窃。部分内容的表达相同或者相似，但所记载内容为历史事实，表达具有有限性；或者所记载内容为传主的家事、生平经历、会议发言及学术观点，与传主本人的口述密切相关，表达具有有限性。从整体上来看，原告图书和被告图书是对传主吴敬琏所撰写的传记，内容虽各有侧重，但均涉及对传主成长经历和学术思想的描述。且传主吴敬琏在原告柳红和被告吴晓波创作过程中均作出了口述、提供了资料，并且均在创作完成后提出了修改意见。基于同一位传主的传记作品，原告柳红和被告吴晓波在创作过程中均付出了辛勤劳动，但对于同一传主的传记作品，不可避免对于同一事件和同一观点进行记载，这亦是由作品本身的特殊性所决定的。从整体图书的比对来看，被告图书也不能构成对原告图书的剽窃。

综上，被告图书不构成对原告图书的剽窃。北京市东城区人民法院依照《著作权法》第十一条第一款、第二款、第四款，判决驳回原告柳红的诉讼请求。

宣判后，原告柳红不服一审判决，提起上诉。

北京市第二中级人民法院二审经审理判决驳回上诉，维持原判。

【点评分析】

传记类文学作品作为一个大类别，由于其中包含有别于其他普通传记作品的自传体作品，故在司法实践中在作品性质认定以及法律适用方面多有争议。而本案的审理过程正是层层抽丝剥茧、还原作品本质属性进而就权属及侵权问题进行准确认定的良好范本。基于此，笔者认为，对于传记类文学作品的审理应把握以下思路：第一，合理判断作品属性，厘清权属判定的思路；第二，严格依据作品特征，明确侵权认定的标准和考量因素。下文将就以上两点分别论述。

一、传记类文学作品的属性及权属判定思路

广义的传记类文学作品是指以特定人的生平、经历为写作题材，体现了该特定人的思想认识和本人意志抑或借以体现其他对本作品完成具有直接智力创造活动的人的思想认识或意志，由该特定人署名或该特定人以外的其他对该作品的完成具有直接创造性劳动的人员署名的作品。自传体作品作为传记类文学作品中的一类，是指以特定人的生平、经历为写作题材，以第一人称叙述，由该特定人署名的一种传记文学作品。相较于广义的传记类文学作品，自传体作品又具有其独特的属性：第一，通篇以第一人称叙述；第二，全部著作体现了被传记人的思想认识和本人意志，具有纪实性；第三，传记书稿经被传记人修改和审阅认可；第四，由被传记人一人署名。自传体文学作品由于其自身的特性而有别于广义的传记类文学作品，在司法实践中值得高度关注并谨慎把握。

对于自传体作品的权属，见诸《最高人民法院关于审理著作权民事纠纷案件适用法律若干问题的解释》第十四条之规定，即“当事人合意以特定人物经历为题材完成的自传体作品，当事人对著作权权属有约定的，依其约定；没有约定的，著作权归该特定人物享有，执笔人或整理人对作品完成付出劳动的，著作权人可以向其支付适当的报酬。”从法条中不难看出，对于自传体作品，我国法律尊重传主与执笔人之间的权利约定，只有在无约定的情况下，著作权才由传主本人享有，同时，法律也授予了执笔人或整理人获得报酬的权利机会。而对于广义的传记类文学作品权属问题，我国法律及司法解释中并没有予以规定。笔者认为，自传体作品系传记类文学作品的一种。因此，在对广义的传记类文学作品著作权权属的认

定上，可以参考最高人民法院的相关司法解释，合理平衡保护传主本人和执笔人享有的合法权利。具体说来，可以遵循以下三种判定标准：第一，依约定确定权属。这也是借鉴了最高人民法院的司法解释对于自传体作品权属认定的方法，也即传主与执笔人之间就著作权权属问题的约定能够直接决定传记类文学作品的著作权归属。第二，依署名确定权属。传记类文学作品虽有其特殊属性，但归根结底还是属于著作权法上的作品。在传主和执笔人就权属无约定的情况下，可以适用著作权法关于作品权利归属的规定，也即我国《著作权法》第十一条第四款："如无相反证明，在作品上署名的公民、法人或者其他组织为作者。"第三，参照适用合作作品权属的规定。传记类文学作品的创作过程往往是传主本人进行口述并提供资料和线索，再由执笔人进行整理、分类和集中撰写。缺少任何一方的配合，传记作品都无法创作完成并最终付梓。况且对于初步成稿的作品，一般需要得到传主本人的校阅、修改和审核。从这种有别于简单个人创作的创作过程来看，传主和执笔人均对作品的完成付出了辛勤劳动，可以参照我国著作权法对于合作作品权属的规定，著作权由合作作者共同享有。

二、传记类文学作品著作权侵权的考量因素与判定标准

我国《著作权法实施条例》中对于作品所下的定义是："文学、艺术和科学领域内具有独创性并能以某种有形形式复制的智力成果。"一般说来，要成为受著作权法保护的作品，应具备独创性和能够被他人客观感知的外在表达两个要件。也即，只有具有独创性的外在表达才能成为著作权法意义上的作品。传记类文学作品虽然有其自身的显著特性，但归根结底属于著作权法上的"作品"，因此，在对于传记类文学作品著作权侵权的考量上应该遵循回归其初始"作品"属性并结合其自身特性进行判定的原则。

第一，对传记类文学作品"独创性"的考量。

"独创性"是指一部作品是经过作者独立创作产生的，是作者

独立构思的产物，而不是对已有作品的抄袭。具体到传记类文学作品中来，由于传记类作品均为以特定人物生平及经历为写作素材，故在部分内容上不可避免会出现相似的现象。在这种情况下，是否应认定这种相似构成抄袭和剽窃，从而侵犯了他人的著作权呢？笔者认为，对于这一问题的判定，应该先回归到作品独创性的基本属性，全面理解“独创性”的要求，再就传记类作品的特殊性进行考量。首先，独创性不要求作品必须是首创的、前所未有的，即使该作品与已有作品相似，只要该作品是作者付出了创造性的劳动而独立创作产生的，也具备独创性。《最高人民法院关于审理著作权民事纠纷案件适用法律若干问题的解释》中也规定：“由不同作者就同一题材创作的作品，作品的表达系独立完成并且有创作性的，应当认定作者各自享有独立著作权。”因此，不能简单因为两本传记类文学作品在部分内容上构成相似即认定有抄袭之嫌，而要具体分析该相似内容的出处、来源以及撰写过程中可资借鉴的公共资源并加以综合判断。其次，任何人只能就自己独创的内容主张著作权保护。在著作权侵权诉讼中，即使被告的成果与原告作品实质性相似，但若被告能够举证证明该部分并非由原告独创，而是源于第三人，那么原告的诉讼请求也不能成立。传记类作品素材的来源可以涵盖特定人物的家事、生平经历、会议发言、学术观点、信件内容、文献资料、历史事实等，而对于这些素材的采集，不同的执笔人都可以通过对传主本人的实地采访、搜索并查阅相关典籍、借鉴前人著述中的相关内容抑或传主主动提供、亲自修订来获取。基于此，在审判实践中，对于传记类文学作品涉及相似的部分内容，应着重审查其出处是否具有唯一性，对于出处不具有唯一性、可以通过其他公知手段而获取、被告方实际上也采取了一定的搜集手段和方法来获取的资料，不宜认定构成抄袭。

第二，对传记类文学作品“思想与表达”的考量。

众所周知，著作权法对作品的保护不是作品所体现的主题、思想、思路、观念、构思等，而是作者以文字、音乐、美术等各种有形的方式对这些主题、思想、思路的具体表达或表现。由于传记类文学作品的写作具有自身的特点，通常都是按照传主的生平时间为序，以传主个人成长经历作为主线，因此，在篇章结构上可能会有相似。此外，传记类文学作品对传主生平的回顾不可避免地涉及对历史事件的表述，那么，对于这种篇章结构上的相似和历史事件表述的雷同，是否应认定构成抄袭和剽窃，从而侵犯了他人的著作权呢？对于这个问题的探讨，再一次回归到了著作权法对于作品的保护要件上来——著作权法保护的是能够被他人客观感知的外在表达。首先，应严格划清思想和表达的界限，对于不属于“表达”范畴的“思想”应不予保护。传记类文学作品的执笔人通常选择按照时间顺序来安排篇章结构，实质上无论是顺序的写法、倒叙的写法抑或插叙的写法，都属于执笔人个人的写作思路，本质上属于思想范畴，不应受到著作权法的保护。因此，原告就篇章布局上的相似来主张被告剽窃，这无疑是缺乏法律依据的。其次，应充分考虑“混合原则”在传记类文学作品著作权侵权判定中的适用。基于表达有限性的制约，如果某种“思想”只有一种或者极其有限的几种表达，对于这种情形的处理只能是也将其归为“思想”行列而不保护这样的表达，否则就会造成对于表达的不合理垄断。具体到传记类文学作品中来，常会涉及传主的生平事迹以及众多历史事件的描述，此类描述具备较强的真实性和客观性，不需要众多的个人见解，只是对于事件的机械陈述。因此，就会不可避免地存在表达的有限性。法院在审理时，常会运用著作权法中的“混合原则”来判定此类内容上的相似是基于表达的有限性，从而不认定为抄袭。

在本案中，原告图书系以特定人物吴敬琏为对象创作的传记作品，但该书系以第三人称而非第一人称角度撰写的，故不属于自传体作品。根据相关法律规定，如无相反证明，在作品上署名的公民、法人或者其他组织为作者；除著作权法另有规定外，著作权属于作者。因此，可以认定原告享有原告图书及涉案三篇文章的著作权。原告主张被告对首度披露资料和其他文献、篇章结构以及文字表述方面的剽窃问题，由于首度披露资料和其他文献资料系原告引用的他人文章、发言、信件等资料，并非由原告创作，故原告对上述内容并不享有著作权。从创作过程来看，原告和被告均对传主本人进行了深入采访，传主对两人的创作均提供了口述素材和一定的资料。因此，被告图书使用该部分资料并未构成对原告图书的剽窃。原告图书和被告图书均属于对于真实人物的写实类传记作品，按照时间顺序安排结构的写作思路本质上属于思想范畴，不应受到著作权法的保护，故原告就篇章结构抄袭的主张缺乏依据。至于文字部分表述的相似，被告图书基于传主的口述、文字修改或来源于传主文章，是有除原告图书外其他合法来源的，故被告所著图书并不构成对原告著作权的侵犯。

【相关知识】

我国著作权法规定了依署名判定作者的著作权权属认定基本标准，但是自传体类作品因其自身的特殊性，故相关司法解释规定了以传主与执笔人之间的约定作为著作权归属认定的原则。而广义的传记类文学作品的权属认定问题在法律中没有明确规定，因此要结合具体的案件充分考虑依约定、依署名以及依合作作品这三种权属判定标准来认定。

对于与他人在先出版的传记作品内容相似的传记类文学作品，在认定其是否构成剽窃他人作品之时，也应充分考虑作者是否在图书撰写过程中付出了相应的独创性劳动，并在此基础上进一步厘清“表达”与“思想”的界限，对于落入“思想”范畴的相似文字及篇章结构，不宜认定为抄袭。

魏鹏诉北京东方岚乐文化发展有限公司委托创作合同纠纷案

——剧本委托创作合同的法律风险及规避

【引言】

当前，我国影视行业高速发展，随之而来的是在影视剧本委托创作合同领域中纠纷的发生愈发频繁，其中不乏一些涉及知名作者和作品、受到社会广泛关注的典型案件。由于法律对于该类问题的规定较为有限，相关市场行为呈现极端多样化和普遍欠规范的特点，这就对相关案件的审理带来了极大的挑战，需要破解一些理论和实务上的难题。同时，编剧与制片方纠纷不断，既挫伤了创作者的积极性，也严重阻碍了行业的正常发展。本案系剧本委托创作合同方面的典型案例，其中涉及剧本原有作品类型的认定、阶段性创作成果的交付及稿酬支付条件的成就、剧本创作主体的认定等问题具有较强的典型性和指导意义。

【案情简介】

2016 年 3 月 16 日，北京东方岚乐文化发展有限公司（甲方，以下简称“东方岚乐公司”）与魏鹏（乙方）签订了《〈浮华往事〉电视剧编剧聘用合同》，合同主要约定了以下内容：（1）乙方以其享有著作权的文字作品《浮华往事》为基础，改编成电视剧文学剧本。剧本可以由乙方选派的助手协助完成，但主体工作及质量把关，须由乙方亲自完成。（2）稿酬总额为 190 万元，合同签订之日起 3 日内，甲方向乙方交付工作所需的全部资料、文件及第一期稿酬 38 万元。2016 年 4 月 16 日前，乙方完成剧本分集大纲交付甲方，甲方认可后 3 日内向乙方支付第二期稿酬 38 万元。（3）剧本须以电子邮件形式交付至本合同首部列明之指定邮箱。乙方交付各阶段剧本后，甲方应在交付确认后14天内提出书面修改意见，否则，视为甲方认可乙方交付之剧本。(4) 在合同有效期间内，如甲方拖欠稿酬及费用逾期达30天，乙方可单方面解除本合同。乙方单方面终止合同后，已收的款项不再退还甲方，甲方应付而未付的阶段性稿酬及费用应立即支付乙方，创作的剧本或半成品著作权归乙方所有，甲方不得再行使本合同之权利。甲方未如期向乙方支付稿酬及费用，每逾期一日，应向乙方支付逾期稿酬的1%作为逾期付款违约金。除合同单独约定之外，任何一方如违反本合同之约定给相对方造成损失的，应赔偿相对方实际损失及合理支出费用（包括但不限于公证取证费、律师费等）。其中，东方岚乐公司持有的合同文本中第三条第四款后附有手写条款“剧本内容质量的定稿确认及阶段性工作完成的确认，以双方签订书面确认函，并由导演确认为准”，魏鹏持有的合同文本无此内容。

涉案合同签订后，东方岚乐公司于2016年3月18日通过电汇方式向魏鹏支付了38万元。2016年4月28日，魏鹏通过电子邮件的形式向合同指定的电子邮箱发送了全部剧本分集大纲。东方岚乐公司确认收到魏鹏交付的分集大纲后，未在合同约定的14天内提出书面修改意见，亦未向魏鹏支付第二期稿酬38万元。

魏鹏起诉要求解除涉案合同，并要求东方岚乐公司向其支付第二期稿酬38万元及违约金39.14万元（计算至2016年8月26日），承担其为本案支出的公证费和律师费共计2.1万元。东方岚乐公司于2016年9月6日收到法院送达的起诉状，提起反诉要求判决解除涉案合同，同时要求魏鹏返还其已支付的稿酬38万元及利息（按银行同期贷款利率从2016年3月18日起计算至给付之日止），并赔偿律师费8万元。庭审中，魏鹏不再要求且不同意解除涉案合同。

一审法院认为，魏鹏交付分集大纲的时间虽较合同约定时间延迟了 12 天，但合同指定联系人在这一期间与魏鹏沟通的过程中对此并未提出反对，且延迟时间较短，东方岚乐公司未证明此种延迟对合同履行造成任何实质性影响，故可以认定魏鹏已经依约履行了合同义务，东方岚乐公司未在魏鹏交付大纲后 14 天内提出书面修改意见，其未按期向魏鹏支付第二期稿酬的行为已构成违约，魏鹏有权依据合同约定行使单方解除权，并要求东方岚乐公司承担相应违约责任。虽然魏鹏在庭审中撤回了解除合同的诉讼请求，但该解除通知已经生效，且东方岚乐公司亦要求解除合同，故确认涉案合同解除。东方岚乐公司主张魏鹏将创作剧本的主体工作交由他人完成，迟延交付剧本大纲，不存在合同约定的小说《浮华往事》等多项违约行为无合同和事实依据，不能据此认定魏鹏构成违约。

一审法院判决确认涉案合同于东方岚乐公司收到诉状之日起解除，东方岚乐公司于判决生效之日起 10 日内向魏鹏支付稿酬 38 万元、违约金 10 万元、合理支出 2.05 万元，驳回魏鹏其他诉讼请求及东方岚乐公司其他反诉请求。二审法院维持了一审判决。

【点评分析】

本案争议焦点集中于以下四点：一是涉案合同中约定的创作蓝本《浮华往事》是否为小说《浮华往事》；二是魏鹏是否构成迟延履行；三是魏鹏拒绝修改分集大纲是否构成违约；四是剧本创作主体工作是否由魏鹏之外的第三人完成。

一、双方对剧本原有作品类型认识不一时如何判断

本案中，涉案合同中约定魏鹏将其享有著作权的文字作品《浮华往事》改编成电视剧剧本，其中并未限定该文字作品的体裁为小说、戏剧、散文还是其他形式，双方对此各执己见，莫衷一是。魏鹏主张应为其已进行著作权登记的《浮华往事》故事梗概，而东方岚乐公司认为该处文字作品应指同名小说。笔者认为，依据《合同法》第一百二十五条第一款之规定，当事人对合同条款的理解有争

议时，应当按照合同所使用的词句、合同的有关条款、合同的目的、交易习惯以及诚实信用原则，确定该条款的真实意思。根据合同解释的一般原则，应以合同文义为出发点，运用主客观相结合的方法探寻当事人的真意。本案中，既然涉案合同对于剧本的原有作品类型没有明确限定，那么无论是故事梗概，还是同名小说，都应属于合同约定的文字作品的范围之内，任何一方如无正当理由都不应对合同文义做扩大或限缩解释。再者，从实现合同目的的角度来看，在故事梗概抑或是同名小说基础上创作影视剧剧本并不会对创作进度、剧本质量等产生实质性影响。事实上，影视剧剧本的创作方式多种多样，既有完全原创，例如《北平无战事》，一般会经过剧本大纲、人物小传、分集大纲、一稿、二稿/定稿等多个创作阶段；也有改编作品，如《雍正王朝》《甄嬛传》等是在原著小说基础上改编形成，两种创作方式并无明显优劣之分，均有诸多成功范例。综上，东方岚乐公司将合同中约定的文字作品解释为小说缺乏依据，难谓合理。

二、双方对阶段性创作成果的交付时间存在争议时如何处理

一般情况下，如果委托创作合同对于阶段性创作成果的交付时间、交付方式进行了明确约定，受托人应当严格依约履行，否则就构成违约，但实践中合同履行情形千差万别，对此也不应一概而论。本案中，合同指定联系人在沟通过程中对于魏鹏迟延 12 天交付分集大纲的情况予以认可，尽管东方岚乐公司辩称该联系人无法代表公司意见，但合同已经明确指定其为联系人，且在东方岚乐公司没有明确其权限的情况下，其应具有对涉案合同相关事务进行沟通协调的权利，否则合同履行不具有约束力和确定性，亦损害了相对方的合法权利，有违诚实信用原则。同时，应当考量迟延交付时间的长短以及对合同履行是否造成实质性影响，如果迟延时间较短，且对合同履行并未造成明显的不利影响，此时不应要求其承担过重的违约责任。

三、双方对于剧本内容质量的确定方式、确定时间存在争议时如何界定

本案中，东方岚乐公司以其持有合同中的手写条款内容主张魏鹏创作的分集大纲并未获得其认可，第二期稿酬支付的条件尚未成就。然而，魏鹏持有的合同无此内容，其本人对该条款的真实性亦不认可。东方岚乐公司对于该处手写内容系双方真实意思表示并未提供进一步证据予以证明，而且，该手写条款的存在将使得合同第九条第一款“乙方交付各阶段剧本后，甲方应在交付确认后 14 天内提出书面修改意见，否则，视为甲方认可乙方交付之剧本”的约定失去意义，因此，法院最终对上述手写内容的真实性不予认定。本案中，东方岚乐公司未举证证明其在约定期限内以约定的书面形式向魏鹏提出具体修改意见，故其向魏鹏支付第二期稿酬的条件业已成就，在其支付稿酬之前，魏鹏应有权拒绝履行后续合同义务。

四、双方对于剧本创作主体存在争议时应如何认定

对于影视剧剧本的委托创作合同来说，委托人系出于信任受托人的创作能力而与其签订委托创作合同，基于此类合同特有的人身属性，受托人应当亲自履行合同义务，不应假手他人。然而当下影视剧制作过程中，为了缩短创作周期，编剧聘任助手进行创作的情形较为常见，对于动辄数十万字的剧本来说，编剧助手在收集素材，整理稿件等方面具有不可或缺的作用。本案中，涉案合同亦约定魏鹏可以选派助手协助其创作剧本，根据东方岚乐公司提供的微信对话，仅能看出有他人参与剧本创作，并不能得出主体工作由他人完成的结论，其中魏鹏明确表示会再做一次全面修改，故东方岚乐公司主张魏鹏将剧本主体工作交由他人完成的意见难以成立。

【相关知识】

由于一些当事人缺乏相关的法律意识和专业知识，在签订委托

创作合同时往往考虑不周，合同内容存在诸多疏漏，导致法院在认定案件事实时障碍重重，难度颇大。结合本案情况，这里特别提示剧本创作和交易的相关主体，在签订剧本创作合同时应当注意以下问题：

第一，合同签订、变更履行等重要事项尽量留存书面记录和材料，以便查考。实践中容易发生争议的，一种是合同变更，合同签订之后，如需变更部分条款，双方应在协商一致的基础上签订变更或补充协议，发生诉讼时，主张合同变更的一方需举证证明变更内容经过双方协商同意，否则视为原合同内容没有发生变更。另一种是双方交付成果和报酬，合同履行过程中，受托人交付创作成果、委托人支付稿酬均应留有签收回执等书面证据，同时受托人应当妥善保管好底稿。委托人对受托人交付剧本进行审查、提出修改意见等，亦须以书面形式进行，留下备忘记录，确保审查意见、修改意见及时有效地通知到受托人。

第二，合同中应当明确阶段性创作成果的交付时间、质量标准、审核方式，同时约定相应的违约责任。本案中，双方对交付的分集大纲的质量及审核方式产生严重分歧，主要原因在于双方在合同中对于阶段性成果的质量标准和审核确认方式约定不明。实践中，较为可行的方式是约定“编剧阶段性工作完成之后，须以双方签订书面确认函，并经导演和制片人共同签字确认，视为符合交付要求”，既有助于确保编剧创作的剧本符合拍摄要求和拍摄预期，发生争议时亦有相对客观、明确的标准裁断是非。

第三，合同中应当明确约定剧本修改意见的提出主体、提出时间、提出方式以及经修改仍不符合要求的处理方式。首先，委托人应当及时向受托人告知剧本的修改意见，没有在约定的时间内以约定的方式反馈意见的，应当视为编剧交付的剧本已经通过审查。其次，修改意见应当具体明确并具有一定可行性，不能是简单的否定意见。最后，在剧本创作不符合要求的情况下，合同中除了约定相应的违约责任外，还需对已交付成果的著作权、后续是否使用以及是否另聘编剧等问题进行详细约定。

上海数龙科技有限公司诉苹果公司、北京奇客创想科技股份有限公司、北京当乐信息技术有限公司侵害著作权及不正当竞争纠纷案

——网络游戏元素侵权的认定及应用分发平台责任的判断

【引言】

网络游戏中角色、道具等元素的设计虽可能来自于现实形象，但如果其中体现了权利人具有独创性的设计，则可以成为受著作权法保护的作品。被诉侵权形象在未改变该独创性设计的情况下，未经授权使用该些形象构成侵权。

在被诉网络游戏被认定侵权的情况下，作为游戏分发平台的网络服务提供者是否承担责任，应审查其是否尽到合理注意义务；而对其是否尽到合理注意义务的判断，应考虑其所负注意义务之限度及涉案侵权元素占涉案游戏之比重进行综合判断。

【案情简介】

上海数龙科技有限公司（以下简称“数龙公司”）向法院起诉称，其享有网络游戏《冒险岛》在大陆地区的著作权和运营权，北京奇客创想科技股份有限公司（以下简称“奇客公司”）未经授权，在其开发并允许他人宣传运营的手机版游戏《冒险王》（以下简称“《冒险王》手游”）中9个游戏元素［包括4个游戏装备道具、2个非玩家角色（NPC）和3个怪物形象］，抄袭了《冒险岛》游戏中的相对应角色，侵害了其著作权。数龙公司另主张奇客公司

擅自使用与知名游戏《冒险岛》名称近似的游戏名称“冒险王”，并在“冒险王”后加注“口袋里的冒险岛”；擅自使用与《冒险岛》游戏装备道具、NPC形象、怪物形象近似的游戏画面组成元素；以及使用“冒险王”名称和与《冒险岛》游戏近似的图片在AppStore、当乐网等网站上进行相关宣传报道的行为，构成不正当竞争。苹果公司、北京当乐信息技术有限公司（以下简称“当乐公司”）分别对奇客公司在AppStore、当乐网上的不正当竞争行为提供帮助，应承担连带责任。故要求三被告停止侵权、消除影响，并赔偿数龙公司经济损失及合理费用共计1000万元。三被告辩称涉案游戏元素不构成作品，奇客公司另辩称涉案元素与被诉侵权元素差异较大，且两款游戏不会导致用户混淆；苹果公司及当乐公司另称其已尽合理注意义务，不构成侵权。

一审法院认为：关于数龙公司主张的9个游戏元素中“红十字盾牌”“钢铁方盾”“三角赤盾”不构成受著作权法保护的美术作品，“所罗门之剑”“智慧爷爷”“骆驼”“树妖”“树妖王”“流氓”系权利人根据现实形象进行创作，体现了独创性，属于受著作权法保护的美术作品。奇客公司使用与上述元素构成实质性相似的元素，侵害了数龙公司的信息网络传播权，苹果公司和当乐公司虽应对开发商侵权行为负较高注意义务，但本案中其已尽到合理注意义务，不构成帮助侵权。

一审法院判决奇客公司赔偿数龙公司经济损失20万元及合理开支5.675万元等。该案一审生效。

【点评分析】

一、关于游戏元素是否构成作品的判断

判断相关游戏元素是否构成实质性相似的前提，是数龙公司主张的9个游戏元素构成美术作品。

就“红十字盾牌”“钢铁方盾”“三角赤盾”“所罗门之剑”4

个游戏装备道具是否构成作品，前三个元素属于展示游戏装备和技能的简单图示，且主要以简单的线条、颜色组合而形成相关设计，故不具备著作权法上美术作品应有的审美意义要件，也无法体现创作者在美学领域的独创性；而“所罗门之剑”，与剑的通用设计相比，在剑身造型、装饰等方面均体现出了权利人的独创性设计，在无相反证据证明该剑的造型被广泛使用并已成为通用设计的情况下，应认定为作品。

对于 NPC 形象“骆驼”“智慧爷爷”以及怪物形象“树妖”“树妖王”“流氓”是否构成作品，虽然这些元素或来源于现实中的动植物形象，或来源于生活中的人物角色，但从其创作风格、构图、配色等整体形象进行考量，可认定为系权利人在现实形象的基础上进行的卡通化演绎；且经过与两被告提交的相应形象在先设计图进行比较，上述游戏元素与在先设计无论是在整体造型、比例分布上均有明显差异。因此，体现了权利人的独创性设计，可以成为受著作权法保护的美术作品。

二、关于应用分发平台是否应当承担法律责任的判断

本案中，在认定《冒险王》手游被诉游戏元素构成对《冒险岛》游戏相关元素抄袭的情形下，《冒险王》手游 ios 端和安卓端的应用分发平台是否应当就此承担法律责任？

（一）应以被诉公司为应用分发平台的经营者为法律责任承担者的前提

实践中，可能出现应用分发平台的开发者和实际运营者不一致的情况。此种情况下，可结合平台上的版权声明等权利标识、用户协议主体、对第三方开发者上传的应用程序进行审核的主体，以及接收投诉的主体等因素进行综合判断。本案中，苹果公司即辩称艾通思公司才是 AppStore 的实际经营者，但法院综合考虑如下事实：（1）苹果公司对公众称 AppStore 是其官方应用商店；（2）《注册苹果开发者协议》《苹果开发者计划许可协议》《iTunes 软件许可协

议》中，苹果公司均是协议主体，且以苹果公司名义对开发者进行提示等；（3）审核指南中声明苹果公司将对第三方开发者上传至AppStore上的应用程序的权属、内容是否有歧视性、攻击性等进行审查；（4）iTunes快速指南界面、AppStore界面底部标识版权归属苹果公司，苹果公司保留所有权利；（5）苹果公司官网中设置了AppStore投诉渠道；（6）多份生效判决确认苹果公司为AppStore的经营者。据此认定，在苹果公司未提交充分证据证明艾通思公司为AppStore经营者的情形下，应认定苹果公司系AppStore的经营者。

（二）对应用分发平台应负的注意义务之程度应进行综合考量

应用分发平台在通常情况下应被认定为网络服务提供商，故其一般不承担直接侵权责任，仅对其所提供的网络平台服务承担相应的法律责任。而平台是否对直接侵权的网络用户构成帮助侵权，核心在于判断其是否存在明知或者应知该用户利用其所提供的服务实施侵权行为的过错，即判断其在提供网络服务时应尽到何种程度的合理注意义务。合理注意义务之程度，应综合考虑网络服务提供者对其平台中的相关用户的控制能力，是否存在主动对诉争作品进行了选择、编辑、推荐等行为，是否从网络用户提供的作品中直接获得了经济利益等因素。

对于AppStore而言，开发商需向苹果公司支付所需年费后才可在ios环境下开发和测试应用程序，且苹果公司在其与开发商签订的许可协议中明确了其承担应用程序的审核、分销和撤销等重要职责，苹果公司对开发者收取30%的固定费用，且《冒险王》手游在付费排行榜中排名靠前；据此，苹果公司对开发商的侵权行为负有较高的注意义务。而本案中的当乐公司，其与奇客公司针对《冒险王》手游用户充值金额进行了收益分成的约定，即其在与奇客公司合作期间直接就《冒险王》手游用户充值金额进行分成，属于获取与在其平台中传播的作品存在其他特定联系的经济利益之情形，亦应承担较高的注意义务。

（三）平台负有合理注意义务程度较高并不意味着即要承担法律责任

这一点在网络游戏侵权纠纷或文学作品抄袭纠纷中尤其需要注意。如果涉及侵权的元素仅占权利作品元素的极少部分，且非其核心或主要元素，则要求平台经营者对其平台中的每一个应用程序的每一个组成元素施加注意义务，显然超出了合理范围。例如，本案中，法院即认为，奇客公司开发的《冒险王》手游中构成侵害数龙公司信息网络传播权的游戏元素有6个，仅占《冒险王》手游游戏元素的极少部分；且元素类型分别为角色所持佩剑、NPC及怪物形象。在数龙公司未举证证明6个游戏元素对应的角色形象为《冒险王》手游的核心或主要游戏元素的情形下，即便苹果公司对AppStore中的《冒险王》手游应承担较高注意义务，但要求其对该游戏中的每一个元素施加注意义务，亦超出了合理范围。另外，数龙公司虽称其于2014年5月7日即向苹果公司发出告知《冒险王》手游侵害其权利的法务函且苹果公司也作了回复，而苹果公司于2014年底才下架《冒险王》手游，但数龙公司未就苹果公司英文回复函进行翻译公证，也未进一步提交证据证明苹果公司的行为属于在明显知晓开发商提供应用程序存在侵权内容，但仍未采取合理措施之情形，故对其该项主张不予支持。

【相关知识】

2019年第一季度，中国网络游戏市场规模达679.2亿元，同比上涨56%，创历史新高。其中移动游戏市场规模达到462.2亿元，PC游戏市场规模达217亿元，同比下跌0.7%。[1] 该组数据表明，当前网络游戏市场发展正进入调整期和转型期。

---

[1] 参见艾瑞：2019年Q1中国网络游戏季度数据研究报告［EB/OL］.［2019-08-20］. https：//www.useit.com.cn/thread-23731-1-1.html.

在此种环境下，权利人，尤其是PC端网络游戏运营主体，必然会更加注重既有用户和市场的维护，尤其是通过诉讼等具有法律效力的手段进行维权。对于权利人而言，如要有效维护自己的权利，应当关注从游戏权属的证明、侵权行为取证到赔偿数额计算等各个环节的准备工作。例如，对于国外引进的游戏，授权链条应当完整清晰；在对侵权行为进行取证时，应注意根据主张对权利游戏和被诉侵权游戏进行比对公证，且应确保取证过程中完整包含了双方应用下载来源、游戏版本、游戏运行、相关功能操作等步骤。游戏应用分发平台作为网络服务提供者，一般情形下不与直接侵权主体承担共同侵权责任，除非存在过错。因此，如权利人希望追究游戏应用分发平台的法律责任，应着手于平台是否和游戏应用的开发商存在合作或其他关联关系；权利人发送侵权告知函的方式是否符合相关规范的要求，内容是否明确、完整；平台停止被诉行为的时间是否及时等方面事实的举证。另外，因网络游戏往往涉及境外授权方，或ios平台，故而在此类案件中境外证据时常出现，当事人应注意对此类证据进行翻译，认证公证等，避免证据形式出现瑕疵。

需要进一步提示的是，为了在短时间内吸引用户抢占市场，部分游戏运营商倾向于选择抄袭热门游戏，但此并非长久之计，要在市场竞争中存活下来并有所发展，网络游戏企业应当尊重他人的知识产权。游戏创意并非不可模仿，但借鉴在先游戏应在合理限度之内，且有所创新，通过加强自主研发，开发优质的游戏产品去吸引用户，培育市场。而对于与网络游戏产业密切相关的游戏分发平台，在其与游戏开发商普遍存在分成等情形下，应当提高合理注意义务，以免被追究帮助侵权责任。

北京爱奇艺科技有限公司诉暴风集团股份有限公司等侵害作品信息网络传播权纠纷案

——对私人影院通过局域网络向公众提供侵权影视作品行为的认定

【引言】

信息网络传播行为定义中所指的“在个人选定的时间和地点获得作品”是该权利的构成要件，不能绝对化地认为是指在全球范围内的任何地点和时间，否则就会得出“在局域网传播作品的行为不应纳入信息网络传播权保护的范围”的错误结论。特别是《最高人民法院关于审理侵害信息网络传播权民事纠纷案件适用法律若干问题的规定》第二条，已经明确界定了信息网络传播权所适用的信息网络包括“向公众开放的局域网络”之后，不应再出现争议和裁判不统一的问题。

本案中私人影院播放侵权电影的形式为通过局域网络进行在线播放，要注意与某些私人影院直接通过放映设备播放侵权电影的行为进行区别。另外，本案涉及的私人影院比较高端，收费较高，因此判决赔偿的数额亦较高，而针对经营规模较小、收费较低的小影吧、小影院实施的侵权行为在判赔数额认定上，要根据具体案情具体确定。

【案情简介】

原告北京爱奇艺科技有限公司（以下简称“爱奇艺公司”）诉称：爱奇艺公司经他人授权获得了电影《北京遇上西雅图之不二情书》（以下简称“涉案电影”）独家信息网络传播权。被告暴风集团股份有限公司（以下简称“暴风集团公司”）、北京暴风新影科技有限公司（以下简称“暴风新影公司”）及北京私影科技有限公司（以下简称“北京私影公司”）在其合作经营的 BFC 超感影音体验中心，未经授权，通过信息网络向公众提供涉案电影的在线播放服务，已构成侵权，且给原告造成了重大损失，故请求法院适用法定赔偿方式确定赔偿数额。诉讼请求：（1）三被告立即停止在 BFC 超感影音体验中心提供涉案电影的在线播放业务；（2）三被告共同赔偿原告经济损失以及合理费用共计 30 万元。

被告暴风集团公司辩称：暴风集团公司并非适格被告，其并不提供观影场地，也不提供涉案电影的内容，并且不参与实际经营，更不参与最终的利润分配。

被告暴风新影公司辩称：公司媒体资源库中没有涉案电影，仅为消费者提供场地服务，允许消费者提供自己的片源进行播放，可能在播放后服务器自动存储了他们提供的影片。影院提供的服务不同于互联网提供的影片，具有较强的私密性，受众有限，点播量也是有限的，即便造成损失，获利也是有限的。

被告北京私影公司辩称：北京私影公司仅提供收款服务，并不是门店的实际经营者，所以不应承担任何法律责任。

法院经审理查明：经版权方授权，爱奇艺公司于 2016 年 5 月 23 日，取得了涉案电影的独占性信息网络传播权、转授权权利及维权权利，授权使用期限自 2016 年 6 月 18 日起 8 年。

2017 年 1 月 12 日，原告代理人及公证员来到位于北京市朝阳区工体北路南侧的三里屯 SOHO 商场 3 地下一层的“BFC 超感影音体验中心”，入口挂有“暴风影音”“BFC”字样的标牌。进入该店后，一位工作人员负责接待，提供了一台平板电脑用于选片。点击主屏进入网址为“192. 168. 2. 99：9000/#/index”的页面，选片时选择了涉案电影，后该影片开始播放。随后，原告代理人支付 999 元，观影次数为 4 次，并取得发票 1 张，销售方名称为“北京私影科技有限公司”。使用微信“扫一扫”功能，扫描该厅内宣传牌上“约吗”下方的二维码，手机页面显示“BFC 北京三里屯店”

微信，页面显示“账号主体 北京私影科技有限公司”。

石景山区法院认为：爱奇艺公司在授权期限内继受取得涉案电影独占性信息网络传播权且有权以自己的名义提起诉讼。

根据爱奇艺公司提交的公证书及当事人的当庭陈述，本院认定BFC超感影音体验中心未经授权或许可通过其局域网络向社会公众提供涉案影视作品，侵犯了该作品的信息网络传播权，应由该中心的经营主体承担相应的法律责任。根据当事人自认、公证书和购买观影服务的发票，可以确认三被告是BFC超感影音体验中心的经营者，应当就共同实施的侵权行为承担连带法律责任。

本案中，在权利人的实际损失和被告因侵权行为的违法所得均难以确定的情况下，爱奇艺公司请求法院适用法定赔偿方式确定赔偿数额符合相关法律规定，应予支持，并综合以下因素酌定赔偿数额：（1）根据爱奇艺公司提交的国家版权局2016年第五批重点影视作品预警名单及当事人当庭陈述，可证实涉案电影具有较高的知名度和商业价值；（2）涉案电影上线时间为2016年6月18日，与爱奇艺公司于2017年1月12日公证涉案侵权行为的时间间隔不长，虽已超出热播期但仍属较新的影片，涉案侵权行为将给原告带来较大的经济损失；（3）三被告提供观影服务的消费金额较高，即观影4次需要999元，应推定其通过实施侵权行为违法获利数额较大。综上所述，本院酌定赔偿数额为16万元及维权合理支出。

一审法院判决：（1）三被告立即停止通过BFC超感影音体验中心提供电影《北京遇上西雅图之不二情书》在线播放服务的行为；（2）三被告于本判决书生效之日起10日内共同赔偿原告爱奇艺公司经济损失16万元以及合理费用共计1334万元，两项共计17334万元；（3）驳回原告其他诉讼请求。一审宣判后，暴风集团公司提出上诉。北京知识产权法院最终驳回上诉，维持原判。

【点评分析】

私人影院系新兴行业，观众在私人影院提供的可容纳1～8人的包厢中，可以按影片类型、流行程度、年份等不同标准进行分类查找，选择自己中意的影片进行播放，保证了观影的私密性。同时，这种私密性也导致经营者对于播放影片版权问题的忽视以及侵权行为隐蔽性带来的维权困难。由于该案为北京地区首例涉及私人影院侵害作品信息网络传播权纠纷的案件，具有典型意义，并对该新兴行业健康发展起到了司法指引作用，因此该案的判决结果也引发了社会公众及媒体的关注。

本案涉及两个法律问题。第一，通过局域网提供作品的行为是否应认定为信息网络传播行为。本案中，涉案作品的提供行为发生在影院的局域网内，并非在互联网上，那么是否应当被认定为信息网络传播行为？我国《著作权法》规定信息网络传播权是指“以有线或者无线方式向公众提供作品，使公众可以在其个人选定的时间和地点获得作品的权利。”即“在个人选定的时间和地点获得作品”是信息网络传播权的构成要件。有观点认为，如果公众只能在一个限定的范围内观看或下载某作品，这不符合“在个人选定的地点获得作品”的条件，因此在局域网传播作品的行为不应被纳入信息网络传播权保护的范围。还曾经有生效判决将作品在局域网中传播的行为定义为放映行为。事实上，作为数字通信工具，互联网具有开放性、公共性、非同步性和交互性等特点，“个人选定的地点”只是对于信息网络传播权“交互性”技术特征的解释和描述，是相对而非绝对的，其含义在于用户有权选择在不同地点上网，强调的是信号在不同终端之间的传输。而根据我国《著作权法》的有关规定：“放映权是指通过放映机、幻灯机等技术设备公开再现美术、摄影、电影和以类似摄制电影的方法创作的作品等的权利”，该权利主要是禁止未经许可通过一些具有放映功能的设备在特定场所公开播放电影等作品的行为，显然不涉及通过互联网络进行播放的行为。为了统一裁判尺度，平息争议，《最高人民法院关于审理侵害信息网络传播权民事纠纷案件适用法律若干问题的规定》，第二条明确界定了信息网络传播权所适用的信息网络，即“包括以计算机、电视机、固定电话机、移动电话机等电子设备为终端的计算机互联网、广播电视网、固定通信网、移动通信网等信息网络，以及向公众开放的局域网络。”北京市高级人民法院也曾在针对网吧、校内网的指导性意见中指出：被告未经著作权人许可将影视作品上载至其局域网；或从第三方购买装有影视作品的软件安装到局域网及接受网络更新服务，但未审查第三方是否得到著作权人授权的，应当认为其具有主观过错。

第二，关于本案赔偿数额的问题。由于没有类似情况的在先判决可供参考，权利人又无法证明其实际损失，法庭曾考虑通过查实被告经营账目，或以被告会员的办卡金额除以观景次数，得出单次观景所需金额，再乘以查明的涉案影视作品播放次数，再考虑扣除被告一定的经营成本，就可以比较准确地得出被告实施侵权行为获得的收益。但最终上述情况均无法查明，于是法庭根据本案的具体情况，综合以下因素确定了最终的赔偿数额：（1）涉案影视作品具有较高的知名度和商业价值；（2）涉案影视作品虽已超出热播期但仍属较新的影片；（3）三被告提供观影服务的消费金额较高，应推定其通过实施侵权行为违法获利数额较大。

【相关知识】

1996 年，为适应互联网技术的发展，世界知识产权组织主持通过了“互联网条约”即《世界知识产权组织版权条约》（WCT）和《世界知识产权组织表演和录音制品条约》（WPPT），从而把著作权保护延伸至互联网空间。我国著作权法于 2001 年第一次修订时亦为了适应互联网发展趋势，直接借鉴 WCT 第八条的相关规定，指出信息网络传播权是指“以有线或者无线方式向公众提供作品，使公众可以在其个人选定的时间和地点获得作品的权利。”即“在个人选定的时间和地点获得作品”是信息网络传播权的构成要件。

局域网是指在某一区域内由多台计算机互联成的计算机组。局域网可以实现文件管理、应用软件共享、打印机共享、工作组内的日程安排、电子邮件和传真通信服务等功能。《最高人民法院关于审理侵害信息网络传播权民事纠纷案件适用法律若干问题的规定》，第二条明确界定了信息网络传播权所适用的信息网络，即“包括以计算机、电视机、固定电话机、移动电话机等电子设备为终端的计算机互联网、广播电视网、固定通信网、移动通信网等信息网络，以及向公众开放的局域网络。”

任何新兴行业在可能涉及他人著作权、商标权、专利权或其他知识产权权利时，都应当具有规范经营活动、尊重他人知识产权、防范诉讼风险的意识。以本案为例，即使被告暴风新影公司关于公司仅为消费者提供场地服务，允许消费者提供自己的片源进行播放，可能在播放后服务器自动存储了他们提供的影片的陈述为真，其允许消费者自带片源的做法也可能涉嫌帮助侵权，因为消费者作为个人几乎不可能拥有一个电影的版权。因此私人影院作为新兴事物，要想健康持续地发展下去，必须保证其播放影片的正版化，而不能打着私密性观影体验的宣传口号，允许他人甚至影院直接实施播放盗版影片的行为，否则必将会被追究法律责任。

北京爱奇艺科技有限公司诉北京金色夏日商务酒店有限公司侵害作品信息网络传播权纠纷案

——酒店点播构成侵犯信息网络传播权

【引言】

日新月异的互联网传播环境对著作权保护带来巨大的挑战。互联网传播的模式变化，在于实现“交互式传播”，特征在于受众可以自主选择信息内容，以及接受传播的时间和地点。酒店点播平台相较于普通互联网传播方式又有些许不同，其不似普通互联网传播可以使受众自主随意选择接受传播的时间和地点，那么点播平台播放未经许可的剧集的行为是否受著作权法控制，是否受信息网络传播权控制则值得探讨。本案涉及在类似点播平台这种交互方式不同以往的情况下认定侵害信息网络传播权具有一定的指导意义。

【案情简介】

原告北京爱奇艺科技有限公司（以下简称“爱奇艺公司”）向法院提出诉讼请求：（1）金色夏日商务酒店有限公司（以下简称“金色夏日酒店”）立即停止对爱奇艺公司著作权的侵害，停止在其酒店客房点播系统提供作品《功夫瑜伽》的在线播放业务。（2）赔偿爱奇艺公司经济损失以及合理费用共计 30 万元。（3）承担本案全部诉讼费用。事实和理由：《功夫瑜伽》由耀莱影视文化传媒有限公司（以下简称“耀莱公司”）等联合出品。耀莱公司在获得其他原始著作权人的授权后，将涉案影片在中国大陆地区的独家信息网络传播权及转授权授予了北京奇艺世纪科技有限公司（以下简称“奇艺世纪公司”），后奇艺世纪公司将上述权利授予了爱奇艺公司。后爱奇艺公司发现金色夏日酒店未经合法授权，在其经营的酒店内以收费的方式通过信息网络向公众提供涉案影片的在线播放服务，严重侵害了爱奇艺公司合法权益。涉案影片为热播影视作品，票房累计超过 17.5 亿，先后获得中澳国际电影节“最佳导演”“最佳女配角”；中美电影节年度“最佳导演”“最佳影片”；马来西亚电影人影展“最佳导演”；第四届丝路电影节“年度最受关注男演员”。此外，涉案影片在爱奇艺视频上的点击量超过 2.5 亿。金色夏日酒店的侵权行为严重侵犯了爱奇艺公司的合法权益，给爱奇艺公司造成了巨大的损失。

被告答辩称：（1）爱奇艺公司无法证明其取得涉案影片的独占

信息网络传播权，无权起诉金色夏日酒店。(2) 案外人深圳市盛阳科技有限公司（以下简称“盛阳公司”）与金色夏日酒店签订了智慧酒店合作平台协议，盛阳公司负责影片的提供和更新，负责向客人提供点播服务，软硬件所有权归盛阳公司所有，金色夏日酒店无权使用智慧酒店向客人提供涉案影片点播服务。根据法律规定，不应认定金色夏日酒店侵权，金色夏日酒店并非适格被告。(3) 爱奇艺公司并未举证证明涉案影片在单个酒店内的信息网络传播许可权的市场价格，也未提供证据证明盛阳公司造成经济损失的具体金额，未提供证据证明其合理费用支出，因此其主张 30 万元无事实依据。爱奇艺公司每个案件涉案影片的票房、口碑相距甚远，爱奇艺公司主张的经济损失数额一致，没有合理依据。(4) 住客点播率低，根据盛阳公司统计，涉案影片点播率低，获利低，涉案影片点播了 7 次，获利 48 元。(5) 本案中酒店客户无法从酒店电视机下载涉案影片再传播，点播行为有限。综上，请求驳回爱奇艺公司的诉讼请求。

法院查明事实：2016 年，《功夫瑜伽》由耀莱公司等联合出品。耀莱公司通过授权书方式获得其他原始著作权人的授权。后耀莱公司将涉案影片在中国大陆地区的独家信息网络传播权及转授权授予了奇艺世纪公司。奇艺世纪公司签署授权书，授予爱奇艺公司独家信息网络传播权及转授权，同时授予爱奇艺公司主张维权的权利。

2017 年 7 月 7 日，北京市方圆公证处出具（2017）京方圆内经证字第 49980 号《公证书》，公证书内容如下：“……公证事项：保全证据。申请人北京爱奇艺科技有限公司的委托代理人崔志伟于 2017 年 7 月 3 日来到我处，称申请人发现金色夏日商务酒店未经授权，在其客房电视中提供播放申请人享有版权授权的影视作品，该行为对申请人构成侵权，为固定证据，申请人委派崔志伟为代理人向我处申请对使用该酒店中的客房电视播放相关影视作品的过程办理保全证据公证。……2017 年 7 月 3 日 15 时 45 分左右，本公证员、本处工作人员郭改桃及申请人的委托代理人崔志伟共同来到位于北京市西城区西便门内大街 85 号院的一家酒店，该酒店门处显示‘金色夏日商务酒店’标识。本公证员使用自带的 IPhone6Plus 手机（以下简称‘手机’）进行拍照，取得照片 2 张。在该酒店前台工作人员为崔志伟办理入住手续的过程中，本公证员使用上述手机进行拍照，取得照片 1 张，同时本公证员从大堂前台取得‘金色夏日商务酒店名片’一张。15 时 55 分左右，崔志伟登记入住手续办理完毕，本公证员、本处工作人员郭改桃及申请人的委托代理人崔志伟一行三人到达 8525 房间。崔志伟申请使用本处提供的数码摄像机对保全过程进行摄像。拍摄前本公证员对上述数码摄像机进行了清洁性检查，经本公证员试用，数码摄像机摄像功能运转正常，数码摄像机及其存储卡中没有与本次保全证据相关的内容。在此过程中，本公证员使用上述手机对 8525 房间门牌号、8525 房间房卡、8525 房间内陈设、印有‘Hisense’字样的电视及电视遥控器进行拍照，取得照片共 8 张。当日 16 时 05 分左右，本公证员与本处工作人员郭改桃监督崔志伟使用上述电视进行了如下操作，并由本处工作人员郭改桃使用本处数码摄像机对保全过程进行了摄像：1. 使用 8525 房间内提供的电视遥控器打开电视电源，电视屏幕显示‘北京金色夏日欢迎您的到来！崔志伟，徐敏’字样的界面，浏览该界面信息，点击电视遥控器‘OK’键进入电视主界面；2. 点击电视主界面下方‘电影世界’－‘新片上映’，搜索电影‘功夫瑜伽’后，点击进入观影购买界面，点击‘购买播放’，进入观影界面，用电视遥控器随机选择影片的部分片段进行观看；……”公证书所附发票复印件上载明，爱奇艺公司为保全证据向金色夏日酒店支付房费 478 元和视频点播费 48 元。

《功夫瑜伽》在金色夏日酒店内点播需要支付费用，付费方式为所有电影从购买播放之时起 24 小时内任意观看，仅计费一次，包天价48元。

国家版权局网站于2017年1月25日发布2017第二批重点作品版权保护预警名单，影片《功夫瑜伽》列于其中。

一、二审法院认为：

一、《功夫瑜伽》属于电影作品

电影作品是摄制在一定介质上，由一系列有伴音或者无伴音的画面组成，并且借助适当装置放映或者以其他方式传播的作品。《功夫瑜伽》凝聚了导演、演员、编剧、配音等人员的创造性劳动，对角色、剧情、场景、背景音乐等的安排体现出了创作者的选择和判断，具有独创性，且符合电影作品的特征，应受著作权法保护。

二、爱奇艺公司是适格的原告

如无相反证明，在作品上署名的公民、法人或者其他组织为作者。本案中，爱奇艺公司提交的证据显示，爱奇艺公司通过授权书获得诉争权利，其权属链条完整，在中国大陆地区享有电影《功夫瑜伽》专有的信息网络传播权，权利期限自被授权方上线日期起10年，被授权人基于本授权书取得的权利受到侵犯的，被授权人有权以自己名义单独进行行政投诉、提起诉讼、索赔等维权权利并获得赔偿。故爱奇艺公司是适格的原告。

三、金色夏日酒店的行为构成侵害作品信息网络传播权

本案中，爱奇艺公司提交的（2017）京方圆内经证字第49980号公证书及光盘截图显示，在金色夏日酒店房间内可以通过付费方式观看电影《功夫瑜伽》。此种通过网络向不特定公众提供涉案电影的观看服务、使公众能够在其个人选定的时间和地点登陆点播平台获得作品的行为构成侵害作品信息网络传播权。

四、关于爱奇艺公司主张的经济损失和合理费用

《著作权法》第四十九条规定：“侵犯著作权或者与著作权有关的权利的，侵权人应当按照权利人的实际损失给予赔偿；实际损失难以计算的，可以按照侵权人的违法所得给予赔偿。赔偿数额还

应当包括权利人为制止侵权行为所支付的合理开支。权利人的实际损失或者侵权人的违法所得不能确定的，由人民法院根据侵权行为的情节，判决给予五十万元以下的赔偿。”本案中，爱奇艺公司请求金色夏日酒店赔偿经济损失及合理费用30万元，但其未能证明因侵权行为造成的实际损失或金色夏日酒店的违法所得，而金色夏日酒店未能证明其实际获益数额，此种情况下，实际损失、违法所得均无法查清。故本院将依法酌情确定赔偿数额，爱奇艺公司主张的经济损失数额明显过高，本院不予全额支持。本院综合考虑如下因素：电影《功夫瑜伽》的上映时间与涉案侵权行为的时间；影片知名度较高；多次获得国内外奖项；金色夏日酒店传播范围大；爱奇艺公司的运营方式及金色夏日酒店侵权方式等，酌定金色夏日酒店赔偿爱奇艺公司经济损失83000元。对于爱奇艺公司主张的合理费用，本院综合考虑律师出庭情况、举证情况、多部影片共同公证取证的情况及费用支出的必要性、合理性，酌情确定金色夏日酒店赔偿爱奇艺公司合理支开支2000元。

五、其他民事责任承担

《著作权法》第四十八条规定，有下列侵权行为的，应当根据情况，承担停止侵害、消除影响、赔礼道歉、赔偿损失等民事责任：其中一项是未经著作权人许可，复制、发行、表演、放映、广播、汇编、通过信息网络向公众传播其作品的，本法另有规定的除外。在无证据表明金色夏日酒店已经停止在其客房内提供《功夫瑜伽》付费播放服务的情况下，爱奇艺公司关于停止侵权的诉讼请求应予支持。

判决结果：一审法院判决被告金色夏日酒店立即停止在其客房内提供电影《功夫瑜伽》的点播服务，赔偿原告爱奇艺公司经济损失83000元及合理开支2000元；驳回原告的其他诉讼请求。二审法院维持一审判决。

【点评分析】

本案的争议焦点在于被告在酒店点播平台提供播放服务是否构成侵害信息网络传播权。信息网络传播权，即以有线或者无线方式向公众提供作品，使公众可以在其个人选定的时间和地点获得作品的权利。也就是说构成侵害信息网络传播权必须具备以下几点：

第一，以无线或有线方式向公众提供作品，其中重点是“提供”行为。关于提供行为，行为实施方只要对于作品内容具有服务器存储复制且能使外界公众获取的即为著作权法意义上的提供行为。本案中被告点播平台确实具有此类功能，因此必然存在提供作品的行为。

第二，使公众可以在其个人选定的时间和地点获得作品。这是对互联网传播模式“交互式传播”的描述，也正基于此，著作权法将本条权利称为“信息网络传播权”。换言之，交互式按需传播是信息网络传播权最重要的特征。交互式按需传播是可以让相关公众按照自己意愿在指定的时间和地点自由选择作品，这并非是指所有人在任意时间和地点选择任何作品，而是指在传播者限定时间和地域范围内，在传播者传播的作品范围内，相关公众可以通过网络自行选择需要的作品。本案点播平台完全符合特征。另外，点播平台并非互联网，但却是局域网络，且达到了“交互式按需传播”的目的。因此，酒店点播平台符合使公众可以在其个人选定的时间和地点获得作品的条件。

综上，被告在酒店点播平台提供播放服务构成侵害信息网络传播权。

【相关知识】

信息网络传播权控制的范围是交互式传播行为、使公众获得作品的可能性，且不能将“在指定的时间和地点”理解为任意时间和地点。交互式传播行为，不仅仅发生在互联网环境中，即使在局域网环境中同样是存在的，因此封闭的局域网环境依然是信息网络传播权的侵权发生环境，而差别仅在于侵害行为的损害结果程度不同。

酒店点播平台扩大了对“在指定时间和地点的交互式传播”的理解，对于类似情形具有很好的指导规范意义。对于酒店方，应当在引入点播平台时对于作品的著作权提高应有的注意义务，应当审核点播平台中作品的权属情况，而并非与其他公司合同约定责任承担即可免责。

青岛捷适铁道技术有限公司与郭磊等侵害技术秘密案
——侵害商业秘密的证明标准和举证责任

【引言】

商业秘密案件原告败诉率高，撤诉率高，胜诉率低。一方面，权利人在日常管理中保密制度不健全，证据管理、档案管理不健全，在诉讼中难以拿出扎实的证据。另一方面，有些重要证据掌握在被告手中，权利人确实难以取证，而且商业秘密案件证明标准高。侵害商业秘密案件中的常见争议焦点包括：（1）原告主张的信息是否属于公知信息；（2）被告的信息与原告的信息是否实质性相似；（3）原告是否采取了合理的保密措施；（4）被告是否采取了不正当手段等。如果把这些争议焦点的举证责任全部分配给原告，原告确实难以承受，可能导致不公平的结果。因此，有必要把部分举证责任分配给被告，或者在原告完成初步举证责任后，合理界定证明标准，适时转移举证责任，实现案件处理的公平。本案涉及商业秘密案件的证明标准和举证责任，对于此类案件的办理具有一定的指导意义。

【案情简介】

原告青岛捷适铁道技术有限公司（以下简称“青岛捷适”）起诉称：我公司系一家致力于轨枕、轨道系统产品以及与铁道相关的电子仪器、铁路机车零部件研发与生产的企业，郭磊于2010年9月1日入职我公司，担任技术工程师。按《保密协议》约定，郭磊应对其因工作原因知晓的原告的技术秘密（原告的技术方案等）承担保密义务。郭磊在职期间，主要协助我公司技术负责人进行技术研发工作，其中，用于模制纵向轨枕模具（以下简称“模具”）即为郭磊参与的技术研发成果之一，郭磊掌握生产该模具的工艺流程及流程中的全部参数，并协助制作了该模具的图纸，而该模具本身及其生产图纸、生产工艺流程、全部参数均为我公司的技术秘密。2012年年初，郭磊未通知我公司且未办理离职手续的情况下，入职北京捷适中坤铁道技术有限公司（以下简称“北京捷适”）。2013年4月26日，郭磊与其他被告共同作为发明人向国家知识产权局以名为“一种用于模制纵向枕轨的模具”申请了实用新型专利，国家知识产权局经初步审查，于2013年10月9日公告授权。从国家知识产权局对被告专利公告信息判断，被告申请保护的模具及其公开的信息与原告作为技术秘密保护的模具及其图纸、生产工艺流程、参数等实质相同。被告的行为严重侵害了我公司的技术秘密，请求判令郭磊、北京捷适、商文明、徐啸海、岳渠德：（1）立即停止侵害我公司的技术秘密行为；（2）连带赔偿我公司经济损失100万元。

被告郭磊、北京捷适、商文明共同辩称：青岛捷适主张的商业秘密仅有两个技术点与被告二申请的专利具有同一性，且该两个技术点均为在先专利所公开，已构成公知领域的技术，不能作为技术秘密受到保护。

北京市海淀区人民法院认为：青岛捷适通过与郭磊等人签订劳动合同、保密协议、竞业禁止协议等采取了足够的保密措施，因此该图纸应为青岛捷适的技术秘密，郭磊等员工对此负有保密义务，北京捷适辩称此图纸为公知技术，证据不足，不予采信。郭磊在青岛捷适任职期间负责模具的技术研发与生产，在其到北京捷适任职后2年内仍对青岛捷适的技术秘密负有保密义务。经鉴定，北京捷适的模具专利与青岛捷适的技术秘密已构成部分同一性，对此北京捷适并未提交证据证明相关技术由其独立研发或全部技术方案已被案外人公开，故应视为专利技术内容来源于青岛捷适的技术秘密，北京捷适的行为构成侵权，应立即停止侵权并依法承担侵权责任，赔偿因此对青岛捷适造成的损失，商文明、郭磊、徐啸海、岳渠德作为专利发明人，应与北京捷适承担连带责任。北京市海淀区人民法院判决被告停止侵权、赔偿原告100万元。

北京捷适上诉，北京知识产权法院二审维持原判。

郭磊向北京市高级人民法院申请再审。

北京市高级人民法院认为：在侵害商业秘密纠纷中，如原告主张涉案信息不属于公知信息，该项主张属于消极事实，原告事实上无法举证。如被告主张涉案信息属于公知信息，该项主张属于积极事实，应由被告提交对比文件作为证据。因此，二审法院认定北京捷适等对此负有举证责任，适用法律并无不当。北京捷适等如欲主张涉案信息属于公知信息，应在举证期限内积极提交对比文件并据此申请鉴定。北京捷适等虽然提出了公知性鉴定的申请，但未及时提交对比文件作为证据，一审法院未予准许并无不当。虽然北京捷适等在收到一审司法鉴定报告后提交了对比文件并要求进行公知性鉴定，但司法鉴定通常耗时较长，往往造成诉讼拖延，鉴定程序不宜轻易重复启动，一审、二审法院对此未予准许亦无不当。裁定：驳回郭磊的再审申请。

【点评分析】

《民事诉讼法》第六十四条第一款规定：当事人对自己提出的主张，有责任提供证据。《最高人民法院关于审理不正当竞争民事案件应用法律若干问题的解释》（法释〔2007〕2号，2006年12月30日最高人民法院审判委员会第1412次会议通过）第十四条规定："当事人指称他人侵犯其商业秘密的，应当对其拥有的商业秘密符合法定条件、对方当事人的信息与其商业秘密相同或者实质相同以及对方当事人采取不正当手段的事实负举证责任。"在司法实践中，有人援引上述规定，认为原告应当对自己主张的信息不属于公知信息、被告的信息与自己的信息构成实质性相似、自己采取了合理的保密措施、被告采取了不正当手段等全部事实负举证责任，笔者以为不妥。

首先，关于原告主张的信息是否属于公知信息，举证责任应当属于被告。根据《最高人民法院关于民事诉讼证据的若干规定》第二条：当事人对自己提出的诉讼请求所依据的事实或者反驳对方诉讼请求所依据的事实有责任提供证据加以证明。没有证据或者证据不足以证明当事人的事实主张的，由负有举证责任的当事人承担不利后果。对于上述规定的理解，通常来说，主张积极事实的一方承担举证责任，主张消极事实的乙方不承担举证责任。有人认为，原告主张的信息是否属于公知信息，属于积极事实而非消极事实，所以应当由原告举证。笔者认为，这里存在一个语文表达方式的问题。如果原告说，我主张的信息"不是公知信息"，是一种表达方法；如果原告说，我主张的信息"是秘密"则是另一种表达方法。同理，如果被告说，原告主张的信息"是公知信息"，是一种表达方法；如果被告说，原告主张的信息"不是秘密"，则是另一种表达方式。两种表达方法的不同，是不是一个被认定为积极事实，而另一个被认定为为消极事实？这显然是不合理的。因此，我们不能被文字游戏困扰，关键是要公平合理地分配举证责任。从逻辑上讲，如果原告主张涉案信息是秘密信息，原告事实上无法举证。如果被告主张涉案信息不是秘密信息，则应由被告证明该信息在何时、何地、以何种形式被公开。因此，应当由被告承担举证责任。

其次，关于被告是否采取了不正当手段，也应当由被告承担举证责任。如果原告已经证明被告与原告主张的商业秘密之间存在接触可能性，且被告使用的信息与原告主张的商业秘密构成实质性相似，则应由被告证明其存在合法来源：或者反向工程，或者独立开发，或者合法继受，或者其他合法来源。否则，一般可以推定其不存在合法来源，一般可以认定其采用了不正当手段。例如，《最高人民法院关于审理不正当竞争民事案件应用法律若干问题的解释》第十三条第二款规定：客户基于对职工个人的信赖而与职工所在单位进行市场交易，该职工离职后，能够证明客户自愿选择与自己或者其新单位进行市场交易的，应当认定没有采用不正当手段，但职工与原单位另有约定的除外。这一规定表明，被告提出客户信赖抗辩的，应当举证证明客户自愿选择与自己或者其新单位进行市场交易。再如，《最高人民法院关于审理不正当竞争民事案件应用法律若干问题的解释》第十二条规定：通过自行开发研制或者反向工程等方式获得的商业秘密，不认定为反不正当竞争法第十条第（一）、（二）项规定的侵犯商业秘密行为。前款所称“反向工程”，是指通过技术手段对从公开渠道取得的产品进行拆卸、测绘、分析等而获得该产品的有关技术信息。当事人以不正当手段知悉了他人的商业秘密之后，又以反向工程为由主张获取行为合法的，不予支持。这一规定表明，被告提出反向工程抗辩或者自行开发抗辩的，应当举证证明其确实是通过自行开发或者反向工程获得涉案商业秘密的。

最后，对于原告是否采取了合理的保密措施，虽然应当由原告举证，但不宜在证明标准上要求过苛，而应落实民事诉讼的高度盖然性证明标准。实践中，几乎每个企业都在日常管理中召开保密会议、限制知悉人员范围、采取大量的保密措施。但是，采取过保密措施和能举证证明其在被告在原告任职期间采取过具体的保密措施，完全是两回事。不少企业由于档案管理制度不健全，证据意识薄弱，诉讼中难以举证，导致司法认定与企业管理相脱节。而且，反不正当竞争法之所以要求原告采取保密措施，是为了赋予特定信息以权利外观，区分公有信息和商业秘密，并进而推定被告的过错。有些被告，在原告任职期间担任技术骨干或者营销业务骨干，一般情况下应当知道公司的技术方案、客户等属于公司的商业秘密，不应当泄露。考虑到这种职业伦理和行业惯例，应当适当降低原告的证明标准，尽可能地使法院认定的事实符合客观事实。

【相关知识】

实践中，商业秘密泄密现象大量存在，大部分泄密行为与人员流动有关。但是商业秘密的侵权一般是比较隐蔽的，权利人很难发觉。即使发觉，权利人也不容易举证。由此导致商业秘密案件数量少，胜诉案件更少。为切实解决商业秘密案件权利人举证难、证明标准高、举证责任不合理的问题，2019 年修正的《反不正当竞争法》第三十二条规定："在侵犯商业秘密的民事审判程序中，商业秘密权利人提供初步证据，证明其已经对所主张的商业秘密采取保密措施，且合理表明商业秘密被侵犯，涉嫌侵权人应当证明权利人所主张的商业秘密不属于本法规定的商业秘密。商业秘密权利人提供初步证据合理表明商业秘密被侵犯，且提供以下证据之一的，涉嫌侵权人应当证明其不存在侵犯商业秘密的行为：（一）有证据表明涉嫌侵权人有渠道或者机会获取商业秘密，且其使用的信息与该商业秘密实质上相同；（二）有证据表明商业秘密已经被涉嫌侵权人披露、使用或者有被披露、使用的风险；（三）有其他证据表明商业秘密被涉嫌侵权人侵犯。"

由此可见，在商业秘密案件中，并非要让原告应当对自己主张的信息不属于公知信息、被告的信息与自己的信息构成实质性相似、自己采取了合理的保密措施、被告采取了不正当手段等全部事实负举证责任。虽然此前司法实践中的作法并不一致，而且确有部分判决采用了此种观点。但是，在2019年修正《反不正当竞争法》之后，这种观点已经在立法层面被明确否定。依据最新规定，应当区分侵害商业秘密的不同构成要件，在原告、被告之间合理分配举证责任。此外，对于部分构成要件，还要降低原告的证明标准，适时转移举证责任，尽量查清案件事实。因此，企业要加强对商业秘密的管理，要切实增强证据意识，加强档案管理，力争在诉讼中拿得出扎实有力的证据。此外，企业还要认真学习新修订的《反不正当竞争法》。把立法机关修订法律给权利人带来的制度红利学深悟透，用好用足，切实维护好自身的合法权利。

杜志刚诉北京清椿堂企业管理有限公司、北京清椿堂文化发展有限公司特许经营合同纠纷案

——特许人与被特许人签订数份不同性质的合同可认定为统一的特许经营合同关系

【引言】

特许经营是对成功企业模式的复制，是一种快速扩大特许企业品牌效应的有效捷径。特许经营可以有效推动文化产业的快速发展，但是在特许经营迅速发展的同时，特许经营行业也是鱼龙混杂，出现了很多不良的特许企业，设置各种圈套欺骗被特许人，给整个特许经营行业带来了极坏的影响。特许人为规避《商业特许经营管理条例》所规定的特许人的特定法律义务，在签订合同时，不

与被特许人签订单一的特许经营合同，而是与其同时签订多个不同性质的合同。单独从每个合同来看，均是合同法所规定的有名合同之一，均体现了合同双方一个独立的合同关系。但将该数份合同结合起来看，上述合同整体上具备特许经营合同的全部特征。此种情况下，对该多份合同是否统一认定为特许经营合同的性质的判断，直接关系到特许人是否需要具备“两店一年”的经营资质，是否有义务进行信息披露，以及被特许人是否享有单方解除权等权利义务的承担。本案最终认定，特许人与被特许人之间虽然签订有数份不同性质的合同，但如果各合同均统一地指向同一特许经营项目，各合同内容整体上具备特许经营合同的全部特征，且从实际履约情况以及合同双方的真实意思表示等可见双方之间的合作即为特许经营项目的合作，则可认定双方所签订的数份合同形成统一的特许经营合同关系。

【案情简介】

被告北京清椿堂企业管理有限公司（以下简称“清椿堂管理公司”）是一家从事武术培训服务的机构，其开展“清椿堂社区武馆”的加盟活动。2017 年 3 月，原告杜志刚先后与被告清椿堂管理公司签订《商标及著作权许可使用协议书》《教练服务合同》及《市场服务管理及物料配送协议》，杜志刚另与第三人北京清椿堂文化发展有限公司（以下简称“清椿堂文化公司”）签订《教练输送合同》，原被告及第三人均确认《教练输送合同》的合同主体亦为杜志刚和清椿堂管理公司。《商标及著作权许可使用协议书》约定清椿堂管理公司授权许可杜志刚使用“清椿堂”商标及著作权，《教练服务合同》和《教练输送合同》约定向杜志刚提供开设“清椿堂”武术培训的教练并由教练按照“清椿堂”教学大纲规范施教，《市场服务管理及物料配送协议》约定公司向杜志刚提供选址装修、开业指导、物料配送、技术培训、运营指导及管理等整套指导服务体系，并有权监督杜志刚的经营。合同签订后，杜志刚向清椿堂管理公司支付市场服务管理费 6 万元，输送教练服务费 3 万元，教练服务费 5000 元，商标及著作权使用费 1 万元。2017 年，清椿堂管理公司先后两次因缺少“两店一年”的特许经营资质被行政处罚。杜志刚开设的武馆实际经营 20 余天，清椿堂管理公司先后派出两名教练，但该两名教练均无故离店，且教练的素质和能力均未能达到合同要求。

原告起诉请求解除双方签订的《商标及著作权许可使用协议书》《教练服务合同》《教练输送合同》《市场服务管理及物料配送协议》；被告退还原告支付的管理费等各项费用共计 10.5 万元。

法院认为：《商业特许经营管理条例》第三条规定，本条例所称商业特许经营（以下简称“特许经营”），是指拥有注册商标、企业标志、专利、专有技术等经营资源的企业（特许人），以合同形式将其拥有的经营资源许可其他经营者（被特许人）使用，被特许人按照合同约定在统一的经营模式下开展经营，并向特许人支付特许经营费用的经营活动。根据上述规定，特许经营具有如下特点：一是特许人拥有商标、专利、专有技术等经营资源，并通过合同方式授权被特许人使用；二是被特许人在使用特许人的经营资源开展经营活动的过程中，需要按照合同约定的统一的经营模式来进行；三是被特许人需要按照合同约定向特许人缴纳特许费用。判断当事人所签订的合同是否属于特许经营合同，应当根据特许经营的上述特点进行分析。本案中，法院认为杜志刚与清椿堂管理公司通过涉案四份合同，形成了统一的特许经营合同关系，涉案四份合同组成统一的特许经营合同。理由如下：一是四份合同均有统一的合同目的，即杜志刚在清椿堂管理公司的指导下，使用清椿堂管理公司的相关经营资源，开展清椿堂武馆项目的经营。二是四份合同的内容结合起来，体现特许经营的基本特征。三是涉案合同的实际履行体现了双方所从事的是特许经营项目的合作，双方之间受统一的特许经营合同的约束。四是合同双方当事人均认可其所进行的合作为特许经营项目的合作，所签订的合同构成统一的特许经营合同。综上，可以认定杜志刚与清椿堂管理公司之间通过涉案四份合同形成统一的特许经营合同关系，双方当事人均应按照合同的约定全面履行各自的义务。

根据已经查明的事实，清椿堂管理公司不能为杜志刚提供适格的教练，且不具备《商业特许经营管理条例》所规定的“两店一年”的开展特许经营的资质条件，导致杜志刚签订涉案特许经营合同的根本目的无法实现，故杜志刚依据《合同法》第九十四条第（四）项要求解除涉案合同，具有事实基础和法律依据，予以支持。

法院判决解除涉案四份合同；被告返还原告支付的各项费用10.5万元。判决后，当事人均未提出上诉，该判决现已生效。

【点评分析】

本案反映出在商业特许经营活动中，特许人为规避法律责任，所使用的一种新型的合同签订方式，即特许人与被特许人同时签订数份不同性质的合同，例如同时签订商标许可合同、培训服务合同、货物买卖合同和运输合同等，从每一个合同来看，均体现一个独立的合同法律关系，但却均不具备特许经营合同的全部特征。然而，这数份合同的内容结合起来，却具备了特许经营合同的全部特征。

特许经营合同通常具有三个特征：一是特许人拥有商标、专利、专有技术等经营资源，并通过合同方式授权被特许人使用；二是被特许人在使用特许人的经营资源开展经营活动的过程中，需要按照合同约定的统一的经营模式来进行；三是被特许人需要按照合同约定向特许人缴纳特许费用。判断合同性质是否属于特许经营合同，应当采取实质性认定的原则，根据合同是否具备上述三个特征予以认定。具体而言，该种认定应以双方当事人约定的合同内容为主要依据，并结合合同目的、实际履约情况以及双方当事人签订合同时的真实意思表示进行综合判断。

本案中，四份合同的名称和内容虽各不相同，但合同目的是一致的，即开展清椿堂武馆项目的经营。从四份合同的内容来看，既约定了被告授权原告使用商标等经营资源，又约定了原告需按照被告统一的经营模式开展经营活动，同时还约定了原告需支付费用，作为获取被告经营资源和经营模式的对价。综上，四份合同的内容结合起来，既体现了经营资源的授予，又体现了经营模式的统一，并有特许费用的支付，符合特许经营合同的特征。此外，从合同实际履行情况来看，被告长期从事清椿堂武馆的特许经营活动，且按照合同约定为原告提供了开设武馆所需的人员培训、物料配送等服务。同时，原被告均明确认可双方之间签订的四份合同是为了清椿堂管理公司授权杜志刚开展清椿堂武馆的特许加盟的目的，双方通过上述合同构成了特许经营合同关系。

我国《商业特许经营管理条例》《商业特许经营备案管理办法》《商业特许经营信息披露管理办法》等相关法规对开展特许经营的特许人规定了比一般合同当事人更加严格的法律义务。例如要求特许人需要具备“两店一年”的经营资质，即从事特许经营活动应当拥有至少 2 个直营店，并且经营时间超过 1 年。要求特许人应当向商务主管部门备案。要求特许人应当在特许经营合同签订前，向被特许人进行企业资质、经营资源等相关信息的披露。此外，还赋予了被特许人在一定期限内的单方解除权。究其原因，是因为在特许经营活动中，被特许人与特许人相比，多处于经济实力弱，信息不对称，经营经验少等相对弱势地位。因此，从立法层面给予了被特许人更多的权利保障，赋予了特许人更为严格的法律义务。但是在实践中，某些特许人为了规避上述特许经营法规中对被特许人的特殊保护机制，无论是在最初合同起草之时，还是在发生纠纷之后，都会千方百计将自己与被特许人的法律关系界定为一般的合同关系，而非特许经营合同关系。

本案中，特许人所采取的为开展特许经营而同时签订多份合同的合同签订形式，相较于简单的变换合同名称及特许费名目等惯用规避手段而言，方式更为隐蔽，但本质上仍反映出特许人试图以合法形式，掩饰规避特许人法律义务的非法目的。此外，本案中采取认定数份合同形成统一的特许经营合同并在一个案件中一并处理的审判思路，而并不采取独立认定合同进而分案处理的审判思路，亦是基于充分保障被特许人合法权益的考量。本案的认定是对特许人新型规避手段的有力回应，亦有效修正了独立认定合同进而分案处理审判思路下被特许人权益保障不足的弊端。

【相关知识】

《商业特许经营管理条例》第三条规定，商业特许经营是指拥有注册商标、企业标志、专利、专有技术等经营资源的企业（特许人），以合同形式将其拥有的经营资源许可其他经营者（被特许人）使用，被特许人按照合同约定在统一的经营模式下开展经营，并向特许人支付特许经营费用的经营活动。

特许经营合同具体包括以下三方面特征：（1）特许人拥有注册商标、企业标志、专利等经营资源；（2）被特许人根据特许人的授权在特定经营模式下使用特许人的经营资源；（3）被特许人按照约定向特许人支付特许经营费用。公式表达：特许经营 = 经营资源 + 经营模式 + 有偿使用。

经营资源是指特许人拥有的具有一定市场竞争优势的可以为被特许人带来一定利益的有形或无形资产。经营资源通常包括著作权、注册商标、企业标志、专利、专有技术，也包括字号、商业秘密、具有独特风格的整体营业形象，以及在先使用并具有一定影响的未注册商标等能够形成某种市场竞争优势的经营资源。

经营模式是指特许人许可不同被特许人所采用的管理和运营模

式的总和。经营模式可以体现在特许人的企业文化、经营理念、管理制度、质量控制措施、促销策略、组织机构等多个方面。经营模式一般具有统一化、规范化、可复制化等特点。

特许经营费用是指当事人可以在特许经营合同中直接约定特许经营费用，也可以通过货款返点、盈利提成、培训费、广告费等形式约定特许经营费用。

对于特许企业，在开展特许经营项目之前，首先应具备“两店一年”的经营资质；在发展加盟商的过程中，应严格按《商业特许经营管理条例》的规定，向被特许人进行信息披露；同时应将特许经营项目在相关行政管理机关备案。

对于加盟商，只要多加注意，骗术并非无法识破。(1) 按照《商业特许经营管理条例》的规定，特许企业应当进行备案，加盟商可以登录商务部特许经营企业备案网查询该企业的特许经营备案信息。或者登录企业信用信息系统查询该特许经营企业的相关工商注册登记信息及是否有过工商处罚的情况。这样可以对特许企业有一个基本了解。如果发现企业注册时间远没有其宣传的那么“历史悠久”“实力雄厚”，那么骗局就很容易识破了。(2) 加盟商可以登录国家知识产权局商标局和专利局的网站查询特许经营企业是否拥有其所称的商标或专利的相关权利。(3) 加盟商可以在互联网上查找特许经营企业的相关信息，如果该企业投诉曝光以及涉诉信息较多，则要慎重考虑是否加盟。(4) 加盟商可以向已经加盟特许经营企业的其他被特许人了解特许经营企业和特许项目的相关情况。

北京市知识产权维权援助中心简介

北京市知识产权维权援助中心，是市政府批准的提供知识产权维权援助、知识产权纠纷调解、知识产权法律咨询以及其他知识产权保护公共服务的机构。

工作理念：

服务维权、服务执法、服务社会

工作职责：

（一）依当事人申请，对符合条件的国内重大、疑难知识产权事项或案件，以及海外知识产权纠纷或重大事项提供指导服务；

（二）接受北京市知识产权纠纷多元调解协调指导委员会办公室委托，承担知识产权纠纷调解组织、调解员的规范化管理及业务指导工作；

（三）解答与知识产权保护有关的咨询；

（四）与区知识产权管理部门、中关村分园共同设立和管理知识产权公共服务分中心、工作站，为创新型中小微企业、创新创业载体、行业组织提供知识产权保护公共服务；

（五）管理首都保护知识产权志愿服务总队，组织首都保护知识产权志愿服务专家开展公益服务，指导志愿者校园服务站开展知识产权保护知识普及宣传活动；

（六）建设、维护中国（北京）保护知识产权网、北京知识产权维权援助微信公众号以及北京知识产权维权援助移动端；

（七）其他知识产权保护公共服务事项。

北京知识产权维权援助公众号